SOCIOLOGIA
DAS ELITES

Título original: *Sociologie des élites*
Autor: *Jacques Coenen-Huther*
© Armand Colin/SEJER, Paris 2004
Coleção: *Epistemologia e Sociedade*, sob a direção de António Oliveira Cruz
Tradução: *Ana Paula e Luís Viveiros*
Capa: *Dorindo Carvalho*

Direitos reservados para a língua portuguesa, exceto Brasil:
INSTITUTO PIAGET – Av. João Paulo II, lote 544, 2.º – 1900-726 LISBOA
Tel. 21 831 65 00
E-mail: info@ipiageteditora.com

Paginação: *Instituto Piaget*
Montagem, impressão e acabamento: *ACD Print, S. A.*
ISBN: 978-989-659-129-8
Depósito legal: 364993/13

JACQUES COENEN-HUTHER

SOCIOLOGIA DAS ELITES

Instituto
PIAGET

INTRODUÇÃO

Se consultarmos um dicionário da língua francesa muito utilizado, como o *Le Petit Robert*, depressa percebemos que a linguagem de uso corrente atribui dois significados distintos ao termo «elite». Trata-se de pessoas consideradas como as melhores, ou as mais notáveis, num determinado grupo a definir. Mas trata-se igualmente daqueles ou daquelas que, a respeito disto ou daquilo, ocupam o primeiro lugar num determinado conjunto. É, portanto, nos dois casos, assunto de uma categoria relativamente restrita de indivíduos que, de certa maneira, se distinguem de todos aqueles que não fazem parte da elite e que constituem, em relação a eles, a «massa».

As duas aceções de elite assim propostas podem justapor-se ou opor-se. Na realidade podemos aceitar, como implicitamente adquirido, que é a excelência a respeito de qualquer coisa que permite ocupar o primeiro lugar. Mas podemos também ser céticos sobre este assunto e considerar que a preeminência só muito raramente coincide com a excelência. É também possível aceitar a ideia de uma relação entre a preeminência social e uma certa forma de excelência contestando simultaneamente a validade de um critério de excelência geralmente admitido num determinado meio. Assim, oporemos à formação, à competência ou à cultura características como a habilidade, a astúcia, a duplicidade ou ainda o conformismo: todas as coisas pelas quais, na realidade, se pode fazer prova de superioridade. Se prosseguirmos a consulta ao dicionário e procurarmos informação sobre os derivados relativamente recentes do termo «elite», como «elitista» ou «elitismo», depressa verificamos que estamos confrontados com uma série de vocábulos frequentemente carregados de conotações negativas na opinião. Lemos que o elitismo favorece e seleciona uma elite *em detrimento* do maior número. E a expressão citada, a título de exemplo, refere um ensino que *sofre* da *doença* do elitismo.

Na realidade, o *Le Petit Robert* é neste caso o reflexo das conceções atualmente mais divulgadas. Basta ler os jornais ou ouvir as conversas à nossa volta para nos convencermos que o termo «elite», utilizado no singular ou no plural, e os seus derivados «elitista»* e «elitismo», são cada vez mais utilizados com a finalidade de desaprovação ou de rejeição. «Elitismo, elitista (com ou sem determinantes)», escreve Giovanni Busino, «são outras tantas palavras carregadas de conotações negativas e até depreciativas...» (Busino, 1992, p. 4). Hoje em dia, qualificar um projeto de elitista é, na maioria dos casos, desqualificá-lo. Tratar alguém de elitista é duvidar do fundamento da sua opinião. Seria excessivo ver na expressão um insulto mas, em todo o caso, é o recurso a um termo considerado pouco lisonjeiro que dispensa qualquer argumentação subsequente. É para isto que alerta o sociólogo e publicitário belga Claude Javeau, num recente panfleto que reivindica, de modo irónico, o estatuto de minoria protegida para a elite, «espécie em vias de extinção» (Javeau, 2002, pp. 82-83).

Mas não chega constatar esta tão divulgada aversão à noção de elite; é necessário procurar compreendê-la. Atualmente, nas nossas sociedades que se querem democráticas, a igualdade tornou-se um valor dominante. Neste ponto, o igualitarismo está ancorado nos espíritos para os quais a igualdade, em qualquer ocasião, é presumida justa, sendo a desigualdade que necessita ser justificada. As aspirações igualitárias largamente expandidas fundamentam-se em três princípios que, na sua própria

---

* No original «élitaire» e «élitiste» ambos em português traduzidos por elitista (*N. T.*)

ambiguidade, são parcialmente contraditórios. O primeiro é o do mérito: visa uma igualdade de tratamento e exige uma adequada redistribuição do mérito adquirido. O segundo é um princípio de repartição: implica uma razoável satisfação das necessidades julgadas aceitáveis em determinada sociedade. O terceiro é um princípio de solidariedade: assenta na preservação do vínculo social que desigualdades excessivas colocariam em perigo. O princípio da generalizada satisfação das necessidades consideradas «normais», tal como o da prioritária preservação do vínculo social, impõe critérios de apreciação saídos de uma lógica de nivelamento social. Não estão nada em afinidade com a ideia de uma elite que sobressai da massa. O princípio da retribuição equitativa do mérito provém de uma lógica oposta. Fundamenta a ideia de meritocracia, que é absolutamente conciliável com as noções de excelência e de superioridade dos melhores. Todavia, para se manter compatível com a sensibilidade igualitária, o princípio do mérito implica, à partida, a igualdade de oportunidades, a qual podemos contestar que jamais seja consumada nos factos, tendo em conta os mecanismos de reprodução social que a sociologia contribuiu para evidenciar. A persistência dos privilégios do nascimento alimenta um debate recorrente sobre a necessidade de instaurar procedimentos que visem neutralizar o afastamento entre a igualdade proclamada e as desigualdades constatadas. A ideia de seleção, com base no desempenho ou nos méritos, está muito desacreditada, uma vez que o desempenho está dissociado do mérito. Logo, é a própria noção de elite que se torna suspeita.

Tratar das elites já não está na moda. Como afirma Alain Minc, em tom polémico, «a própria palavra é sulfurosa, tendo em conta a atmosfera populista e recriminatória» (Minc, 2002, p. 264). Na verdade, uma sociologia das elites não é uma sociologia que seja necessário qualificar de elitista. É todavia necessário que o termo «elite» tenha sentido para ela e lhe sugira um objeto de investigação teórica e metodologicamente aceitável. Mas, não será de admirar encontrar nela o eco das incertezas do senso comum. As noções de excelência e de superioridade, de notoriedade e de autoridade, de prestígio e de poder encontrar-se-ão aí enredadas ou opostas. A elite será tratada ora como uma pura

9

categoria de estratificação social, ora como uma minoria consciente dos seus valores e dos seus interesses, ou ainda como um eufémico sinónimo de «classe dominante». Uma teoria das elites será apresentada quer como substituto para a luta de classes, quer como um bem-vindo complemento para esta, quer ainda como um instrumento ideológico de neutralização do pensamento marxista ou neomarxista. Em todo o caso, os sociólogos que elegeram por objeto a elite – ou as elites – acreditaram ter de constatar que toda a sociedade empiricamente observável abrange uma ou várias categorias de pessoas que se consideram, ou que são consideradas, como pertencendo a uma elite, quer seja ao nível da sociedade vista no seu conjunto ou, pelo contrário, num domínio de atividade em particular. Daqui resulta uma enorme variedade de perspetivas teóricas e de orientações metodológicas cujas relações devem ser esclarecidas. A isto nos dedicaremos ao longo deste livro, apoiando-nos sobretudo nos trabalhos de síntese de Giovanni Busino (Busino, 1988 e 1922), a quem se deve também a edição da obra completa de Vilfredo Pareto.

O grande problema, que foi objeto de numerosas controvérsias, é o da homogeneidade ou da heterogeneidade da classe dirigente. Nesta perspetiva, o emprego do singular ou do plural – a elite ou as elites – está longe de ser indiferente; é o que demonstraremos no capítulo um. A elite como classe dirigente será apresentada sob vários aspetos, em seguida, no capítulo dois. Mas, para os teóricos ditos «pluralistas», encontramos grupos em posição preeminente em todos os domínios da vida, até na gestão das atividades de lazer. Estas elites, tão diversificadas como podem ser as sociedades modernas, constituem outros tantos possíveis grupos de influência. Aliás, em algumas circunstâncias, alguns deles podem constituir-se como instâncias concorrentes da elite dirigente. Estas diferentes elites serão objeto do capítulo três. Esta abundância de conceções e de pontos de vista deu lugar a múltiplos ensaios esclarecedores sob a forma de classificações e de tipologias mais ou menos elaboradas. Estas tanto apelam a critérios subjetivos como a critérios objetivos. Na verdade, quaisquer que sejam as elites, podem tornar-se objeto de juízos diferentes e o seu próprio sentimento de pertença pode não coincidir com a reputação que lhes é dada por elementos que lhe são exteriores. O capítulo quatro estudará todas estas questões. A elite dirigente, bem como os diferentes grupos de influência, recrutam-se de acordo com modalidades que podem variar fortemente conforme os regimes. Qualquer elite também se reproduz ou se transforma dando lugar a processos que são conhecidos sob as clássicas denominações de «circulação» ou de «reprodução» das elites. Estes processos podem ser observados em todos os domínios e em todos os níveis da realidade social, mas é ao nível das sociedades globais que adquirem maior pertinência quando se trata da elite enquanto classe dirigente. É no capítulo cinco que trataremos da seleção, reprodução e circulação das elites.

CAPÍTULO 1

UMA QUESTÃO CLÁSSICA: A ELITE OU AS ELITES?

O termo «elite» é frequentemente utilizado no singular ou no plural. É assim que iremos falar da «elite da nação» ou «das elites que nos governam». Evocaremos a elite militar ou a elite do desporto. Mas, daremos atenção à necessidade de «formar elites». Falaremos também das «elites locais». Estas expressões que podemos diariamente encontrar nos meios de comunicação social refletem a polissemia de um termo que veicula noções distintas. O singular e o plural sobrepõem-se com frequência – mas nem sempre – a uma distinção entre excelência e preeminência.

Falar de elite, no singular, é opor os que são melhores no seu domínio de atividade aos indivíduos médios, a todos os que, sem serem desprovidos de talentos, em nada se distinguem da grande massa dos seus semelhantes. A conceção subjacente é a de uma oposição dicotómica, mais ou menos precisa, entre a massa e aqueles que emergem do lote. O domínio de atividade desta questão é, muitas vezes, a gestão da coisa pública. O termo elite, visto no singular, será assim e frequentemente sinónimo de elite dirigente ou de elite governamental. Designa, conforme os casos, as esferas governamentais, a alta administração, a classe política ou, de forma mais ampla, todos aqueles de quem se tem a impressão, com ou sem razão, que, abertamente ou de forma oculta, participam na elaboração de importantes decisões

13

que afetam a vida de um país ou as relações internacionais. Esta assimilação de «elite» à elite governamental pode adquirir dois significados diferentes. Pode dar crédito à ideia de que todos aqueles que se encontram nos postos de comando ou de responsabilidade são efetivamente «os melhores», no sentido em que possuem, mais do que os outros, qualificações apropriadas para exercer as funções que assumem. Neste caso, a utilização do termo «elite» equivale a uma legitimação implícita da composição dos círculos dirigentes: os que governam são os mais aptos para governar e, na realidade, governam. A equivalência entre elite e elite governamental fundamenta-se, do mesmo modo, numa outra conceção próxima mas diferente. Na verdade, pode derivar do sentimento de que os membros da elite governamental, ao mais alto nível, têm certos talentos, mas tratam-se menos de capacidades para governar do que de características que facilitam o acesso aos escalões superiores do aparelho de Estado. O julgamento dos indivíduos em questão não implica, no entanto, a ideia de competência acima da média, mas antes a de excecionais aptidões para realizar o seu caminho dentro de uma hierarquia. Neste segundo caso, é o diagnóstico efetuado ao sistema sociopolítico no seu conjunto que permite privilegiar a noção de excelência num domínio de atividade ou, pelo contrário, a ideia de habilidade manobradora. Frequentemente, quando o termo «elites» é utilizado no plural, é para referir pessoas que se encontram em posição preeminente nas diferentes esferas de atividade. Com certeza que isto não exclui a ideia de excelência, porém a tónica é colocada nas posições adquiridas e nas funções exercidas. O recurso ao plural sugere o estado – real ou percebido – de uma sociedade diversificada e de um regime pluralista, por oposição a qualquer conjunto social relativamente homogéneo. Também aqui encontramos duas conceções subjacentes que se devem distinguir. Na realidade, podemos pensar em elites que competem em torno do mesmo objetivo ou, contrariamente, em diferentes elites especializadas e ativas em diferentes domínios.

Os autores que se dedicaram a ensaios de definição englobante procuraram, com mais ou menos felicidade, resumir de forma sintética as diferentes aceções do termo «elite» e as noções para as quais elas remetem. Busino escreve que «as utilizações acabam por dar à palavra elite uma aceção própria, aquela que, em determinada sociedade, designa a minoria que em dado momento dispõe de prestígio e privilégio decorrentes de qualidades naturais valorizadas socialmente (por exemplo, a raça, o sangue, etc.) ou de qualidades adquiridas (culturais, méritos, aptidões, etc.)». (Busino, 1992, p. 4). Antes dele, Lasswell, após ter observado o caráter necessariamente inadequado de qualquer definição única, propôs caracterizar a elite pela influência, em termos muitos gerais: «Se a influência é partilhada equitativamente, cada participante de uma situação pertence à elite. Se a partilha é desigual, os mais influentes são qualificados de elite» (Lasswell, 1965, pp. 4-5). Por seu lado, Putnam considera que é a resposta à questão «quem dirige?» ou «quem governa?» que permite definir indiretamente a elite localizando-a. Mas o critério decisivo é por si só um elemento de poder: algumas pessoas têm mais poder do que outras. Logo, constituem uma elite. Este critério aplica-se mais particularmente à elite política, mas tem uma aplicação mais ampla (Putnam, 1976, pp. 2-5). Nadel considera que existem pelo menos três grupos diferentes com vocação para constituir a elite: «um grupo cuja superioridade assenta em qualificações adquiridas e talentos específicos, um grupo cuja superioridade é tradicional e que até pode não ser especializada, e, por fim, um grupo constituindo um viveiro de qualificações e talentos de todas as espécies» (Nadel, 1990, p. 414). Todavia, de forma geral, as diversas tentativas de definição evidenciam, intencionalmente ou como consequência, a impossibilidade de juntar todas as utilizações do termo «elite» numa fórmula lapidar que a todas reunisse.

A DUPLA CONCEÇÃO PARETIANA

Vilfredo Pareto (1848-1923) é um dos sociólogos que, de forma mais nítida, fizeram surgir a impossibilidade de escolha entre singular e plural no termo «elite». É o que Boudon e Bourricaud constatam no seu *Dictionnaire critique de la sociologie*, numa rubrica significativamente intitulada «Elite(s)» (Boudon e

Bourricaud, 1982, pp. 213-220). Na verdade, Pareto baseia-se em duas definições diferentes de elite: uma definição que é de caráter geral que requer o plural e uma definição de aplicação mais restrita que conduz à noção de elite dirigente em que o singular é mais adequado. Estas duas definições surgem quer nos *Sistemas Socialistas* (1902/1903), quer no *Tratado de Sociologia Geral* (1916), não existindo mudança de conceção entre estas duas grandiosas obras, contrariamente ao que sugere Bottomore (Bottomore, 1964, p. 2). Além do mais podemos destacar, a este respeito, uma evolução das formulações e mais sistematização no «*Tratado*».

Vilfredo, Pareto
(Paris, 15 de julho de 1848 – Céligny, Genebra, 19 de agosto de 1923)

Economista e sociólogo italiano. Depois de estudos em matemática e física, iniciou a sua vida profissional como engenheiro. O seu interesse pela ciência económica foi estimulado pelos trabalhos de Léon Walras, o fundador da «Escola de Lausana». Em 1893, sucede a Walras como professor de economia política na Universidade de Lausana. A partir de 1907 consagra-se exclusivamente à sociologia, a qual concebe como uma ciência experimental sobre o modelo das ciências da natureza. As suas obras completas foram publicadas sob a direção de Giovanni Busino, professor na Universidade de Lausana.

Principais trabalhos: *Cours d'économie politique* (1896-1897); *Les Systèmes socialistes* (1902-1903), *Manuale d'economia politica* (1906); *Trattato di sociologia generale* (1916); *Trasformazione della democrazia* (1926).

A DEFINIÇÃO GERAL

A definição geral está fundamentada pura e simplesmente na ideia de excelência numa atividade qualquer. «Por exemplo», escreve Pareto no *Tratado,* «ao que é excelente na sua profissão daremos 10. Àquele que não consegue um único cliente daremos 1, de forma a poder dar 0 ao cretino» (Pareto, 1916, § 2027). Estando a *pontuação* de excelência fundamentada na comparação dos níveis de desempenho, a noção de elite, neste sentido geral, só adquire sentido no seio de uma atividade par-

ticular qualquer que ela seja. Portanto, neste sentido só existi-
riam *elites*. Para a avaliação do desempenho é excluído qualquer
juízo de valor. Pareto escolheu deliberadamente os seus exemplos de forma a dissipar qualquer mal-entendido a este respeito. «Ao hábil vigarista que engana as pessoas e sabe escapar
às penas do código penal, atribuiremos 8, 9 ou 10, conforme o
número de vítimas lorpas que tenha apanhado nas suas malhas
e o dinheiro que lhes conseguiu subtrair. Ao pobre pequeno
vigarista que furta um simples serviço de talheres ao dono do
restaurante e se deixa apanhar pela polícia daremos 1» (*ibid*). Já
nos *Sistemas Socialistas* era possível ler: «Estas elites nada têm de
absoluto; tanto podem ser uma elite de rufias como uma elite
de santos» Pareto, 1902, p. 56).

Nesta conceção muito geral, mas unidimensional, de elite,
somos levados a distinguir tantas elites quantos os domínios de
atividade. «Evidentemente, seria na realidade absurdo afirmar
que os indivíduos que ocupam as camadas superiores, na figura
que representa a distribuição do génio matemático ou poético,
são os mesmos que ocupam as camadas superiores na figura
que dá a distribuição da riqueza [...] aí nada existe de com-
preensível. As qualidades de S. Francisco de Assis, por exemplo, são completamente diferentes das de Krupp. Quem compra
canhões de aço necessita de um Krupp e não de um Francisco
de Assis.» (*ibid*, p. 8). Sobre este assunto Pareto é muito claro no
Tratado: «Formemos então uma classe dos que têm índices mais
elevados no ramo em que desempenham a sua atividade e dêmos
a esta classe o nome de *elite*» (Pareto, 1916 § 2031). E, mais uma
vez, para despojar o termo «elite» de qualquer conotação positiva ou negativa, acrescenta «Qualquer outro nome e até mesmo
uma simples letra do alfabeto seriam igualmente característicos
do fim que nos propomos» (*ibid*).

A DEFINIÇÃO RESTRITA

Para além desta definição geral, que assenta exclusivamente
num critério de excelência, encontramos em Pareto uma definição mais restrita, fundamentada numa simplificação dicotómica

Os índices de capacidade segundo Pareto

§ 2027. Suponhamos que em todos os ramos da atividade humana se atribui, a cada indivíduo, um índice que indica as suas capacidades, próximo da maneira como se classificam os exames, nas diferentes matérias que se ensinam nas escolas. Por exemplo, ao que é excelente na sua profissão daremos 10. Ao que não consegue ter um único cliente daremos 1, de forma a dar 0 ao que é verdadeiramente cretino. Ao que soube ganhar milhões, bem ou mal, daremos 10. Ao que ganha milhares de francos daremos 6. Ao que mal consegue não morrer de fome daremos 1. Ao que é internado num asilo de indigentes daremos 0. À mulher *política*, como a Aspásia de Péricles, a Maintenon* de Luís XIV, a Pompadour de Luís XV, que soube captar as boas graças de um homem poderoso e que desempenha um papel no governo que exerce da coisa pública, daremos uma nota de 8 ou 9. À meretriz que mais não faz do que satisfazer os desejos destes homens e não tem ação alguma sobre a coisa pública daremos 0. Ao hábil vigarista que engana as pessoas e sabe escapar às penas do código penal atribuiremos 8, 9 ou 10, de acordo com o número de lorpas que tenha sabido agarrar nas suas malhas e o dinheiro que lhes tenha extorquido. Ao pobre pequeno vigarista que rouba o serviço de talheres ao hospedeiro e ainda se deixa apanhar pela polícia daremos 1. A um poeta como Musset daremos 8 ou 9, segundo os gostos. A um rimador que afasta as pessoas ao recitar-lhes os seus sonetos daremos 0. Para os jogadores de xadrez, poderemos ter índices mais precisos ao fundamentarmo-nos no número e no género das partidas que ganharam. E assim por diante, para todos os ramos da atividade humana.

Vilfredo Pareto, *Traité de sociologie générale*, tr. fr. *Œuvres Complètes*, Tomo XII, Genebra, Droz, 1968, § 2027 (1.ª ed. italiana, 1916).

da hierarquia social, onde a elite é assemelhada a uma classe social. É nos *Systèmes socialistes* que o critério de seleção, que permite esta semelhança, é apresentado de forma mais clara. Para tanto, é necessário «que se disponham os homens segundo o seu grau de influência e de poder político e social» (Pareto, 1902, p. 8). «Temos assim duas camadas na população» escreve Pareto no *Tratado*: «a camada inferior, a classe estranha à elite» e «a camada superior, a elite...» (1916, § 2034). Segundo Pareto, para o estudo das condições de equilíbrio social impõe-se dividir a elite em duas: «aqueles que, direta ou indiretamente, desempenham um papel notável no governo, constituirão a elite governamental», o resto formará a elite não-governamental (*Ibid.*, § 2032). Esta segunda definição de elite, que está de acordo com o uso

---

* Mme de Maintenon, Françoise d'Aubignet, 2.ª esposa de Luís XIV *(N. T.)*

do singular, é claramente pluridimensional e nela vemos surgir outros critérios para além do da excelência. Mas é também nesta perspetiva que os diferentes critérios se combinam. Diz Pareto que se pode traçar a curva de distribuição dos homens «dispostos em camadas, de acordo com a sua riqueza [...]. Se supusermos os homens dispostos em camadas de acordo com outros critérios, por exemplo, segundo a sua inteligência, a sua aptidão para o estudo da matemática, o seu talento musical, poético, literário, as suas características morais, etc., provavelmente teremos curvas de formas mais ou menos semelhantes à que acabámos de encontrar para a distribuição da riqueza» (Pareto, 1902, p. 7). Esta curva da distribuição de riqueza é a ilustração da ideia de classe. Resulta «de um número muito grande de características, aliás boas ou más, cujo conjunto é favorável ao sucesso do indivíduo que persegue a riqueza ou que, tendo-a adquirido, a conserva» (*ibid*, p. 8). Existe então uma coincidência, pelo menos parcial, entre a influência e o poder político e social, por um lado, e a riqueza por outro. «As classes ditas *superiores* são também geralmente as mais ricas» (*ibid*).

Para Pareto são estas as classes que constituem a elite, ou a aristocracia no sentido primário, etimológico do termo, isto é, os melhores. Na hipótese de um equilíbrio social estável, a superioridade política e social apoia-se numa forma de excelência: a maior parte dos indivíduos pertencentes à elite, ao mais alto nível, surgem dotados de certas características que asseguram o poder, aliás estas características podem ser objeto de juízos positivos ou negativos. Mas, diz-nos Pareto no *Tratado*, «não existem exames para atribuir a cada indivíduo o seu lugar nestas diferentes classes. Remediamos isso por outros meios: com certas etiquetas [...]. Por exemplo, a etiqueta de advogado designa o homem que deveria conhecer o direito e que muitas vezes o conhece e noutras não o conhece nada». (*ibid*, § 2035). Esta reserva fundamenta-se num elemento de reprodução social que é independente das qualidades pessoais dos indivíduos. Na verdade, introduz a ideia de que outros critérios, para além da excelência, desempenham um papel na seleção. Assim, na ideia de elite governamental, encontramos «aqueles que trazem a etiqueta das funções públicas de uma certa ordem...» mas encontramos também «as inevitáveis exceções daqueles que conseguiram introduzir-se entre os precedentes sem possuírem as qualidades correspondentes à etiqueta que obtiveram» (*ibid.*). Estas exceções fornecem a chave do ressurgimento de outros critérios para além da excelência e revelam a instabilidade do equilíbrio social. Em muitos ramos da atividade humana «as etiquetas são obtidas diretamente por cada indivíduo». Contrariamente, no que se refere à elite, «uma parte das etiquetas são hereditárias, como por exemplo a da riqueza [...], em certos países, aquele que herdou um grande património facilmente é nomeado senador ou torna-se deputado pagando aos eleitores...» (*Ibid.*, § 2036). Assim, acrescenta Pareto, «a riqueza, o parentesco, as relações também são úteis [...] e dão, a quem não deveria ter, a etiqueta da elite em geral ou da elite governamental em particular» (*ibid.*).

A RELAÇÃO ENTRE AS DUAS DEFINIÇÕES

Tendo em atenção os elementos que interferem com o critério de excelência, é esta segunda definição que desempenha o papel mais importante na sociologia de Pareto e que sustenta a sua teoria da circulação das elites. No entanto, se a primeira definição é relativamente pouco utilizada, como refere Bottomore (Bottomore, 1964, pp. 1-2), uma ligação lógica pode ser estabelecida entre esta primeira definição e a segunda que está centrada na dicotomia elite/não elite. Na realidade, os fatores que suscitam as «exceções inevitáveis» introduzem distorções numa hierarquização que seria exclusivamente fundamentada no nível do desempenho. Assim, podemos associar a primeira definição – fundamentada na excelência – a um modelo ideal da sociedade, desempenhando um papel comparável ao da concorrência perfeita no domínio da ciência económica. A questão já não é a de ver aí uma descrição da realidade, mas antes um utensílio conceptual que tenha por objetivo raciocinar sobre os desvios constatados, de forma empírica, em condições que não são as do modelo.

Vários comentadores consideram a teoria paretiana das elites, consideradas no seu conjunto, como uma construção teórica de caráter ideal-típico (Lopreato e Alston, 1970; Eisermann, 1989). Como os primeiros nos dão a observar (Lopreato e Alston, 1970, p. 94), podemos pressupor, com fins heurísticos, que as posições dos membros da elite governamental são ocupadas por aqueles que na realidade são os mais qualificados para exercer estas funções. Neste caso, as aptidões da classe dirigente justificam verdadeiramente a etiqueta de elite que lhe está colada. Mas isto apenas corresponde a um estado de «livre circulação da elite» não tendo qualquer fator particularista – a um estado de equilíbrio social perfeito, poderíamos dizer – ou, pelo menos, a um estado de equilíbrio temporário, observável quando uma classe dirigente acaba de aceder ao poder. Os numerosos desvios em relação ao modelo levam-nos à segunda definição de elite e fornecem o objeto da teoria paretiana da circulação das elites que será tratada num capítulo ulterior.

A distinção, efetuada por Pareto, entre elite governamental e elite não governamental parece indicar um interesse mais marcado pela elite política do que pelas outras elites. A prioridade assim acordada à elite política reencontra-se noutros teóricos ulteriores. Esta atenção particular não parece derivar de uma sobrevalorização do político mas antes da ideia de que é a elite política que dispõe do máximo de poder na sociedade (Clifford-Vaughan, 1960, p. 320). Tudo isto foi objeto de controvérsias que não têm fim à vista. Na realidade, podemos defender esta ideia fundamentando-nos na noção weberiana de monopólio da violência legítima. Mas podemos sugerir, de igual modo, que outras elites – a começar pela elite económica – não têm necessidade de recorrer à força porque dispõem de outros meios de influência à sua disposição. Nesta perspetiva, o poder da classe política seria um poder de fachada, atrás do qual se dissimulam outras formas de poder.

A OPOSIÇÃO ELITE-MASSA

A oposição entre a elite e a massa assenta na ideia de que toda a sociedade rigorosamente igualitária é uma impossibilidade empírica. O que equivale a afirmar que em qualquer agrupamento social, mais ou menos organizado, algumas pessoas têm mais poder que outras, qualquer que seja o fundamento deste poder e quaisquer que sejam as modalidades do seu exercício. Esta verdade esteve durante muito tempo enraizada na experiência das sociedades tradicionais. É evidentemente o Antigo Regime que é celebrado por Frédéric Le Play ao escrever: «em toda a sociedade próspera, cada um observa deveres de subordinação fixados pela tradição do género humano. O filho obedece ao pai, a mulher ao marido, o servo ao senhor, o operário ao patrão, o soldado ao oficial, o cidadão à autoridade civil, além disso todos se submetem às prescrições da lei divina. As regras da obediência, estabelecidas por lei ou pelo costume, obrigam em absoluto o subordinado, mesmo quando o chefe não cumpre todo o seu dever. Em qualquer caso a desobediência é castigada». (Le Play, 1941, II, p. 24). Nesta visão de hierarquias imutáveis à qual adere igualmente Alexis de Tocqueville, junta-se a ideia de que o poder acarreta responsabilidades acrescidas: «O respeito devido ao princípio de autoridade não permite fixar pela lei, com a mesma precisão, os casos em que devem ser punidos os chefes que faltam aos seus deveres. É por esta razão que é mais culpado e mais perigoso para a ordem pública o superior que abusa do que o inferior que resiste» (*ibid).*

A DISTRIBUIÇÃO ASSIMÉTRICA DO PODER

Presentemente, concordamos com a característica muito mais geral das hierarquizações. A distribuição assimétrica do poder tende a ser considerada «axiomática» (Putnam, 1976, p. 8), se bem que se oponha à sensibilidade igualitária contemporânea. Suscita reticências perante a própria noção de elite. Contudo, *a priori,* não existe oposição entre as elites e a democracia, como teremos oportunidade de ver mais adiante. Como refere Heinz Eulau, a questão-chave deste assunto está na responsabilidade (*accountability*): responsabilidade porquê e a respeito de quê? A partir do momento em que a noção de responsabilidade é tida em consideração, elite e massa podem ser concebidas como parceiros de papéis (Eulau, 1976, p. 21). A noção de elite, aplicada ao domínio político, não implica menos que a gestão dos negócios públicos seja sempre feita por uma minoria que se destaca da grande massa da população.

Gaetano Mosca (1858-1941), que geralmente é considerado o clássico da matéria, escreve sobre este assunto: «Em todas as sociedades regularmente constituídas, onde existe aquilo a que chamamos um governo, não vemos apenas que a autoridade deste último se exerce em nome do universo povo, ou de uma aristocracia dominante, ou de um soberano único... encontramos constantemente um outro facto: os governantes, os que dispõem dos poderes públicos e os exercem, são sempre uma minoria sob a qual existe um grande número de pessoas que nunca participam *realmente*, e de forma alguma, no governo e simplesmente o suportam». (Mosca, 1884, p. 19). Impõe-se assim uma distinção, entre governantes e governados, que se sobrepõe a uma oposição elite-massa. Para além desta visão fundamental emerge, em Mosca, a noção de *classe política*, mais ou menos comparável à elite governamental segundo Pareto. Qualquer que seja o regime ou o país, é necessária «uma máquina governamental, uma organização naturalmente composta por uma minoria numérica através da qual qualquer ação governamental se manifeste» (*ibid.* 1884, p. 22). Aqui encontramo-nos, é necessário dizê-lo, nas fronteiras da ciência política e da ideologia, o que gera uma confusão frequente entre as teorias das elites e as doutrinas elitistas. Não é sempre nítida a distinção entre a constatação axiologicamente neutra de que «o domínio da minoria sobre a maioria é um facto consubstancial à vida dos homens que vivem em sociedade» (Busino, 1992, p. 7) e a defesa antidemocrática. Certamente, como muitas vezes foi o caso em sociologia, a afirmação de um ponto de vista tingido de ideologia foi o ponto de partida para estudos que se esforçaram por ultrapassar os preconceitos doutrinais. Porém, não é menos verdade que o olhar cético assim deitado sobre a vida em sociedade apenas poderia chocar um grande número de bons espíritos adquiridos nos ideais democráticos de participação popular. Como Raymond Aron nos deu a observar no prefácio à edição da Droz do *Tratado* de Pareto, «é suficiente [...] considerar a heterogeneidade social (ou distinção da elite e da massa) como um traço estrutural de qualquer sociedade conhecida [...] para chegar não ao fascismo ou à democracia mas, indiferentemente segundo as circunstâncias ou o humor do discípulo, a esta ou aquele (Aron, *in* Pareto, 1968, p. XXIV). Na verdade, durante séculos a desigual distribuição do poder foi considerada como óbvia. Foi apenas no século XVIII que nasceu, entre os filósofos, a ideia de que todos os cidadãos eram chamados a partilhar, igualmente, o poder (Putnam, 1976, p. 2). É assim que se pode falar de «elitismo implícito ou subentendido» a propósito de vários filósofos políticos do passado, a começar por Maquiavel (Lottieri, 1999, p. 201). Mas só no final do século XIX é que o otimismo saído das Luzes foi questionado e confrontado com a realidade encontrada numa constante da história universal: a distinção entre dominadores e dominados, dirigentes e dirigidos, governantes e governados.

Gaetano Mosca
(Palermo, 1 de abril de 1858 – Roma, 8 de novembro de 1941)

Politólogo e sociólogo italiano, Mosca, depois de estudar direito e ciência política, ensinou direito constitucional na Universidade de Palermo, economia política na Universidade de Turim, ciência política na Universidade de Milão e história das doutrinas políticas na Universidade de Roma, considerado, com Robert Michels e Vilfredo Pareto, um dos clássicos da «Escola italiana» de sociologia. É autor da noção de «fórmula política» através da qual a classe dirigente legitima o seu poder. Depois de ter fornecido argumentos ao antiparlamentarismo, acaba por rejeitar o fascismo considerando que o equilíbrio de poderes assegurado pelos regimes democráticos oferecia a melhor das garantias da liberdade pessoal.

Trabalhos principais, *Sulla teoria dei governi e sul governo parlamentare* (1884); *Elementi di scienza politica* (1896,1923); *Lezioni di storia delle instituzioni e delle dottrine politiche* (1933, 1937), tr. Fr. Gaston Bouthoul; *Histoire des doctrines politiques depuis l'Antiquité jusqu'à nos jours* (1937, 1955.)

UMA NOVA POSTURA METODOLÓGICA

Os modernos teóricos das elites – Gaetano Mosca e Vilfredo Pareto, mas também Robert Michels (1876-1936) – serão qualificados de «maquiavélicos», no seguimento de James Burnham, para marcar a sua dívida intelectual perante um pensador considerado como o precursor de uma nova postura metodológica que consistia em separar, para o melhor e o pior, a política da moral, rompendo deste modo com a tradição aristotélica (Burnham, 1943, p. 27).

Robert Michels
(Colónia, 9 de janeiro de 1876 – Roma, 3 de maio de 1936)

Michels é um economista e sociólogo germano-italiano. Impedido de fazer uma carreira universitária na Alemanha por causa das suas atividades políticas e sindicais, ensinou nas universidades de Bruxelas, Paris, Turim, Basileia, Perúsia e Florença. Considerado, com Vilfredo Pareto e Gaetano Mosca, que o influenciou diretamente, como um dos clássicos da «Escola italiana» de sociologia política, é conhecido sobretudo pela sua «lei de bronze da oligarquia» resultante da sua experiência nos meios socialistas e sindicalistas. Inspirou as investigações de sociologia política de Seymour Martin Lipset nos Estados Unidos.

Trabalhos principais: *Zur Soziologie des Parteiwesens in der modernen Demokratie. Untersuchungen über die oligarchischen Tendenzen des Gruppenlebens* (1911). Tr. fr. *Les Partis politiques. Essai sur les tendances oligarchiques des démocraties (1914)*.

Os maquiavélicos fornecem materiais para uma conceção positivista da sociologia política, mas também para posicionamentos doutrinais antidemocráticos e antissocialistas. Do ponto de vista propriamente científico, a sua orientação é claramente positivista. Procuram evidenciar leis do comportamento do ser humano em sociedade. A tendência geral para a oligarquização, o caráter universal da distinção dominadores-dominados, a emergência a qualquer tempo e em qualquer lugar de uma minoria – a elite – que se impõe a uma maioria desorganizada – a massa – surgem-lhes como outras tantas leis do comportamento humano. Mas o evidenciar daquilo que consideram constantes históricas de caráter universal leva-os a combater o que consideram sonhos igualitários sociologicamente absurdos. «O alvo polémico de Mosca e de Pareto é, em geral, os socialistas e os solidaristas» (Lottieri, 1999, p. 201). O ideológico está assim rigorosamente ligado à analítica. É aqui que os maquiavélicos encontram os defensores de uma conceção aristocrática da hierarquia social – Edmund Burke, Joseph de Maistre, Louis de Bonald, mas também Alexis de Tocqueville – que se «interrogam sobre as consequências da chegada das massas à cena da história» e que «opõe as massas enquanto vasto conjunto de indivíduos indiferenciados, sem coesão nem organização, aos chefes, às minorias, às únicas elites capazes de garantir as liberdades contra o igualitarismo» (Busino, 1992, pp. 4-5).

Em José Ortega y Gasset (1937) encontramos uma denúncia particularmente virulenta da «sociedade de massa». Como Georges Gurvitch salientou, com a sua habitual dureza, este autor «acumula definição sobre definição e juízo de valor sobre juízo de valor para explicar o que entende por «massa» sem todavia o conseguir» (Gurvitch, 1963, vol. 1, p. 154). O que não surpreende, pois Ortega y Gasset elabora uma conceção moral de elite e de massa que escapa a qualquer tentativa de definição destas entidades em termos estruturais ou categoriais. Para ele, «a divisão da sociedade em massas e em minorias de elites não é todavia uma divisão em classes sociais, mas antes em classes de homens, e esta divisão não pode coincidir com um quadro hierárquico com classes superiores e inferiores» (Ortega y Gasset, 1937, p. 7). A oposição elite-massa, concebida como a oposição de dois tipos de homens, é contudo primordial a seus olhos: «a divisão mais radical que se pode fazer numa sociedade é a cisão em duas classes de indivíduos: os que exigem muito de si próprios e voluntariamente acumulam deveres sobre dificuldades e aqueles que não só nada de especial exigem de si, mas para os quais a vida apenas é, a cada instante, o que já é, não se esforçam por nenhuma perfeição e se deixam arrastar como boias à deriva». (*ibid*, p. 6). A dicotomia ideal-típico assim apresentada junta-se à visão de Tocqueville sobre o aburguesamento generalizado da sociedade e a preponderância do *ethos* prosaico das classes médias. Nesta conceção da evolução social enxerta-se uma exigência de moralidade pública que se dirige às classes dirigentes, novas e antigas. Os privilégios do nascimento, da fortuna ou do estatuto têm deveres: devem merecer-se e é importante mostrar-se digno deles (Tocqueville, 1964, pp. 30-39; Coenen-Huther, 1997, cap. 1). Ortega y Gasset enriquece: «A nobreza define-se pela exigência, pelas obrigações e não pelos direitos» (Ortega y Gasset, 1937, pp. 60-61).

AS FORMAS DE SOCIABILIDADE

Em todos os raciocínios que se apoiam na oposição entre elite e massa, é geralmente a elite que nos esforçamos por definir, em função de um ou vários critérios, a massa apenas surge em contraponto de forma negativa, como a não elite. Em Georges Gurvitch, pelo contrário, encontramos uma definição de massa saída não de uma dicotomia elite-massa, mas de uma teoria das formas de sociabilidade inspirada nas categorias da fenomenologia. As formas de sociabilidade, segundo Gurvitch, organizam-se à volta de dois polos antitéticos de fusão e oposição parciais: o «Nós» que é uma categoria de inclusão e a «relação com o outro» que engloba as diversas formas de relação com o outro (Gurvitch, 1963, vol. 1, p. 133). «A *Massa*, em sentido próprio, não deve... ser confundida com nenhuma outra espécie de agrupamento, qualquer que ele seja» (*ibid.*, p. 154). Constitui uma das modalidades da categoria do «Nós», sendo as outras duas a *Comunidade* e a *Comunhão*. Trata-se de uma forma de sociabilidade por fusão parcial em que fusão e participação continuam superficiais e «não integram as camadas mais íntimas dos *Eu* e dos *Outros*» (*ibid*, p. 147). Deste ponto de vista, constitui o nível mais fraco da categoria de inclusão que é o «Nós». A Comunidade e a Comunhão, pelo contrário, implicam níveis de intensidade cada vez mais fortes. Nesta matéria, a originalidade de Gurvitch está na proposta de uma relação inversamente proporcional entre o nível de fusão e o nível de pressão. Se a massa representa o nível mais fraco da fusão, em contrapartida representa o nível mais elevado da pressão (*ibid*, p. 151). Na verdade, é quando as inter-relações são superficiais que a pressão do conjunto é sentida como sendo a mais forte porque é percebida como uma força exterior ao indivíduo. Inversamente, quando existe inclusão das características pessoais e participação do indivíduo no «que têm de mais particular», a pressão ambiente faz-se sentir menos porque cada um participa plenamente (*ibid*, pp. 147-148).

Assim, por intermédio de uma classificação muito geral das formas de sociabilidade, encontramos a antinomia elite-massa: por um lado, a massa, um vasto conjunto desorganizado, que assenta em formas superficiais, até fugazes, de sociabilidade onde a individualidade fica fortemente submetida à pressão difusa do conjunto; por outro lado, a elite, uma minoria no meio da qual as inter-relações são mais individualizadas, onde a pressão do conjunto é pouco sentida, mas onde domina, pelo contrário, o sentimento de poder agir sobre este conjunto.

AS ELITES: COMPETIÇÃO OU ESPECIALIZAÇÃO?

Em primeiro lugar, o recurso ao plural do termo «elite» pode parecer revestir dois significados bem distintos. Podemos ver nele uma referência a uma situação de competição entre vários grupos que visam a preeminência. Podemos compreendê-lo, igualmente, como a consequência de um estado de diversificação da sociedade, que implica a existência de elites especializadas que atingiram a excelência ou a preeminência em domínios particulares. Numa sociedade moderna, organizada segundo o princípio da solidariedade orgânica» no sentido durkeimiano, parece razoável encarar uma combinação de especialização e de competição. De forma corrente, o termo elite é, deste modo, utilizado a propósito de grupos que beneficiam de um estatuto elevado.

DIFERENTES PRINCÍPIOS DE LEGITIMIDADE

No entanto, para que a noção de elite se possa impor sem reticências e se possa admitir a coincidência da preeminência e da excelência, é necessário que o acordo se faça sobre um princípio de legitimidade. Como refere Ezra Suleiman, «a sobrevivência das elites depende da sua vontade em exercer o poder e da sua capacidade de forjarem uma ideologia da qual se irão servir para se legitimarem (Suleiman, 1978 e 1979, p. 133). Mas esta regra de caráter geral, emitida em relação à sociedade global e ao seu governo, pode ser extrapolada *mutatis mutandis* ao nível de diferentes setores de atividade empiricamente observáveis. Qualquer conceptualização da sociedade como sistema social gera a possibilidade de distinguir subsistemas mais ou menos autónomos. Estes subsistemas, ainda que solidários em relação ao conjunto, não deixam de funcionar com base numa escala de valores própria e de normas específicas. Portanto, é no quadro de cada subsistema, definido por um ou vários domínios de atividade, que um consenso deve ser mantido num princípio de legitimidade que assegure a preeminência de uma categoria de indivíduos considerada como elite: elite política e administrativa, é verdade, mas também elite militar, elite de negócios, elite das artes e da cultura, da comunicação, dos desportos, etc.

Uma forma muito coerente para apresentar isto é referir-se às quatro funções societais distinguidas por Talcott Parsons e popularizadas pelo célebre esquema A-G-I-L. Segundo Parsons, para que um sistema social seja relativamente estável é necessário que quatro exigências funcionais estejam preenchidas: a adaptação ao ambiente pela produção e distribuição de bens raros (A), a definição e a hierarquização de objetivos a atingir (G de *Goal*), a ação permanente de mecanismos integradores (I) e a manutenção da coerência do sistema (latente) de valores (L) (Parsons, *et al.*, 1953; Coenen-Huther, 1984, pp. 42-48). Estas quatro funções definem terrenos de atividade de onde emergem, respetivamente, elites económicas, políticas, jurídicas e culturais. Todas contribuem, à sua maneira, para aquilo a que Raymond Boudon e François Bourricaud chamam «a pilotagem dos sistemas sociais» (Boudon e Bourricaud, 1982, p. 219), mas todas têm o seu próprio perfil respondendo a critérios de excelência e de sucesso diferentes. Portanto, tem a ver com elites relativamente especializadas cujas atividades contribuem para o equilíbrio do conjunto, porém este equilíbrio só é assegurado num clima de competição permanente. As elites culturais utilizarão, em certos casos, a sua autoridade moral para intervir no terreno que é próprio das elites políticas. As elites políticas esforçar-se-ão por submeter o comportamento das elites económicas a certas regras. Estas lutarão por uma maior liberdade de manobra possível, enquanto as elites jurídicas procurarão estabelecer e fazer respeitar normas de aplicação geral. Assim, é uma mistura de especialização funcional e de competição que mantêm a situação de equilíbrio incessantemente questionada.

O EQUILÍBRIO DINÂMICO DOS CAMPOS

Podemos expressar, igualmente, esta ideia de equilíbrio dinâmico à maneira de Pierre Bourdieu, em termos de campos. Um *campo*, no sentido dado por Pierre Bourdieu a este termo, é um espaço social estruturado onde se desenrolam lutas de poder (Bourdieu, 1994, pp. 53-57). Tem as suas próprias normas – as suas próprias «regras do jogo», poderia dizer-se – e, desde logo, engendram um *habitus* específico. Assim, trata-se de um subsistema social cujas formas de regulação afetam os comportamentos individuais. Mas todo o campo tem um princípio de diferenciação social que gera antagonismos individuais ou coletivos. Pode ser descrito como «um campo de forças, cuja necessidade se impõe aos agentes que nele estão comprometidos, e como um campo de lutas no seio do qual os agentes se confrontam» (*ibid.*, p. 55). Em cada campo, relações de força instauram-se nas categorias de recursos – «as espécies de capital», segundo Bourdieu, – postas em marcha para se assegurarem de uma posição dominante. Não é incongruente qualificar de elites especializadas do campo em questão aqueles que nele acedem às posições dominantes. Participam na elite de duas formas. Por um lado, asseguram efetivamente uma posição preeminente; por outro, conseguiram o equilíbrio mais favorável entre as diferentes espécies de capital – capital cultural, capital económico – que asseguram o primado do campo» (*ibid.*, p. 56). Em Bourdieu, o princípio de legitimidade que permite impor a noção de elite é o resultado de ações em diversos sentidos. Não existe «efeito simples e direto da ação exercida por um conjunto de agentes ("a classe dominante") investidos de poderes de coerção, mas o efeito indireto de um complexo conjunto de ações que se geram na malha das contrariedades cruzadas que cada um dos dominadores, assim denominados pela estrutura do campo através do qual se exerce a dominação, sofre por parte de todos os outros» (*ibid.*, p. 57).

Quer se recorra à noção de campo ou se fique pela linguagem mais tradicional do subsistema, a competição entre domínios de atividades é uma das componentes do equilíbrio dinâmico de qualquer sistema social e pode traduzir-se numa situação de concorrência entre elites especializadas. Bourdieu dá um exemplo convincente quando analisa as relações entre o mundo da televisão como elemento do «campo jornalístico» e o «campo científico» (Bourdieu, 1996; Coenen-Huther, 1998). O campo jornalístico aumentou fortemente a sua importância ao longo do último quarto de século. Resulta daí uma verdadeira inversão da relação de forças entre os diferentes campos. Há uma trintena de anos, uma presença demasiado evidente nos meios de comunicação podia comprometer uma carreira académica e impedir um universitário de aceder à elite do campo científico. Foi o caso de Raymond Aron. Conforme o seu próprio testemunho, o facto de não ser apenas um homem das ciências, mas também um colaborador regular do *Fígaro*, contribuiu para as dificuldades que encontrou ao candidatar-se a um lugar de professor na Sorbonne. Em 1948 saiu-se mal, quando o preteriram a favor de Gurvitch, só sendo nomeado em 1955. No entanto, um certo sentimento de mal-estar só foi dissipado muito lentamente. Para alguns dos seus colegas da Sorbonne, Aron não passava de um jornalista que procurava aumentar o prestígio graças a uma posição académica, comprometendo assim a dignidade da instituição universitária (Aron, 1983, p. 219 e pp. 336-337). Atualmente é o inverso que se observa. Tudo incita aqueles que podem a aliarem a aprovação dos seus pares com o reconhecimento de um público mais vasto. No presente, a notoriedade adquirida junto de um vasto público culto desempenha, incontestavelmente, um papel não negligenciável nas carreiras universitárias, sendo até favorável. (Kauppi, 1996). Em parte, as carreiras académicas constroem-se graças ao renome adquirido pela submissão às normas do campo jornalístico. Isto significa que o campo jornalístico está à altura para penetrar noutros campos e neles impor as suas normas através de uma estratégia de «cavalo de Troia». Dito isto, um campo pode ser mais ou menos autónomo. Um campo autónomo resiste com sucesso à penetração das normas do campo jornalístico. Aí, as elites especializadas ficam submetidas ao julgamento dos atores do seu próprio campo. «Em cada um dos campos, o campo universitário, o campo dos historiadores, etc., existem dominadores e dominados segundo os valores internos do campo. Um bom historiador é alguém de quem os historiadores dizem ser bom historiador. É necessariamente circular. Porém, a heteronomia começa quando alguém, que não é matemático, pode intervir para opinar sobre os matemáticos, quando alguém que não é reconhecido como historiador (um historiador de televisão, por exemplo) pode opinar sobre os historiadores e ser ouvido.» (Bourdieu, 1996, p. 66).

A COMPETIÇÃO DOS DOMÍNIOS DE ATIVIDADE

Esta competição dos campos pode ser apresentada de outra forma igualmente pertinente para o destino das elites. Na sequência da evolução interna de um campo, a elite especializada deste setor de atividade deixa de retirar as mesmas gratificações que obtinha antes da sua posição preeminente no campo. Neste caso, pode ser grande a tentação de «desertar» e assegurar uma posição mais gratificante num outro campo. É o processo descrito por Raymond Boudon a propósito dos universitários franceses preocupados em obter uma nova forma de reconhecimento social, para além dos círculos da sua disciplina, enquanto intelectuais virados para um vasto público culto: o Todo-Paris dos intelectuais (Boudon, 1979, p. 88). É o que Boudon qualifica de orientação para o «segundo mercado dos intelectuais». O diagnóstico é claro: a Universidade francesa deixou de oferecer às elites intelectuais as gratificações simbólicas que dela podiam esperar. A transferência dos bens culturais para «o segundo mercado» é assim uma estratégia de adaptação individual no sentido mertoniano. Mas, as consequências sugeridas por Boudon remetem para o mecanismo analisado por Bourdieu. Existe a submissão a outras normas de excelência que já não são as do mundo científico mas sim as dos meios jornalísticos. Existe o reforço da heteronomia do «campo científico».

Uma deslocação de elites, incontestavelmente semelhante, foi observada na Europa de Leste na sequência da queda do sistema soviético. A elite dirigente obtinha a sua preeminência a partir de posições especificamente políticas. Para nos expressarmos em termos parsonianos, eram as exigências funcionais do subsistema político que prevaleciam sobre as exigências de outros subsistemas. Quando o futuro das posições políticas deixou de estar garantido, uma parte da elite dirigente procurou assegurar posições de estatuto semelhante no domínio económico. Esta fração da elite dirigente aprendeu a submeter os bens públicos às transações privadas. Resultou daí aquilo a que se chamou «capitalismo político» que implicou uma conversão do poder político em poder económico (Staniszkis, 1991*a*, 1991*b*, Coenen-Huther, 2000.) ou, para usar uma expressão à maneira de Bourdieu, resultou daí uma conversão do capital político em capital económico. Noutros termos, elites especializadas passaram de um setor de atividade para outro, conservando, deste modo, posições preeminentes num sistema transformado com a condição de adotar novas «regras do jogo». Voltaremos a este assunto num capítulo ulterior.

AS ELITES COMO MINORIAS

Quer optemos pelo singular ou pelo plural, o termo «elite» só pode referir-se a grupos minoritários. Qualquer que seja o critério de identificação adotado – profissional, cultural, religioso, linguístico – uma elite só é identificável como tal por comparação com uma categoria maioritária que constitui a não elite. Nas relações entre os seus membros, bem como nas suas relações entre membros e não membros, a elite é submetida às regras de funcionamento que se aplicam a qualquer minoria. No quadro da sua sociologia formal, Georg Simmel formula algumas propostas que vão neste sentido. Para ele, «os corpos aristocráticos» têm necessariamente «uma dimensão relativamente reduzida». Esta limitação quantitativa tem dois aspetos. Primeiro, existe uma relação de proporção: «este facto tem a ver, evidentemente, com o seu domínio em relação às massas». Mas existe também um elemento não proporcional: existe «um limite absoluto para além do qual a forma de grupo aristocrático não pode mais ser mantida». Ora isto tem a ver com as formas de sociabilidade que só um grupo de limitada envergadura pode assegurar: «é necessário que a rede dos laços de parentesco e das alianças atravesse por completo este corpo e que o possamos seguir» (Simmel, 1908, 1999, p. 84).

IDENTIDADE E ALTERIDADE

Enquanto minoria, a elite está particularmente submetida à dialética da identidade e da alteridade. Em primeiro lugar, os membros da elite sentirão qualquer coisa em comum que os distingue de todos os outros que não pertencem à elite. Isto poderá suscitar um sentimento de conivência que pode dar lugar a comportamentos que não terão outra função senão a de manter, ou acentuar até, este sentimento de conivência. Assim, pela simples análise formal, somos levados para a pergunta central do debate que foi levantado por Charles Wright Mills (Mills, 1969) e à qual voltaremos mais adiante: as diferentes elites especializadas terão conceções e interesses suficientemente comuns para poderem ser consideradas como uma única categoria dirigente? Em termos muito gerais, o sentimento dominante de conivência prevalece, ou não, sobre as diferentes particularidades? Mas o sentimento de identidade apenas pode ser reforçado pela consciência de uma alteridade. Este mecanismo traduz-se de forma mais forte pela oposição elite-massa que, de acordo com a orientação filosófica e ideológica dos comentadores, segue o caminho de uma atitude condescendente ou menosprezante em relação à massa, considerada como representante de tudo o que a humanidade encerra de espírito gregário – como é o caso, por exemplo, em Ortega y Gasset – ou, pelo contrário, de uma exaltação do papel dinâmico e criador das massas que se julgam, como lembrava Gurvitch, «sãs, salutares, cumprindo uma missão histórica» (Gurvitch, 1963, tomo I, p. 152). Como em qualquer minoria, o sentimento de pertença à elite pode ser estimulado por um certo estilo de vida, por formas de consumo, ostensivo ou, pelo contrário, voluntariamente discreto, enfim, por certas formas de sociabilidade. Em tudo isto, voltamos a encontrar a vontade de se distinguir dos outros, dando lugar ao processo de distinção evidenciado por Bourdieu. Para este, a distinção «na verdade só é *diferença*, desvio, traço distintivo, propriedade *relacional* que apenas existe na e através da relação com outras propriedades» (Bourdieu, 1994, p. 20).

No limite, as formas de sociabilidade praticadas no seio da elite podem ser sistematicamente organizadas de forma a reforçar a sua coesão e a ampliar a distância social, cultural até, entre os membros da elite e o resto da população. Uma minoria dirigente, à maneira dos partidos políticos evocados por Maurice Duverger, pode revestir as características de uma «ordem» dedicada a um poder de tipo «carismático» (Duverger, 1951). Em oposição às relações superficiais que caracterizam a «massa» ou a não elite, encontram-se afinidades afetivas, principalmente, típicas da categoria do *Bund* (liga, aliança), noção que Duverger recebe de Hermann Schmalenbach (1922) e que traduz por «ordem», pensando em ordens de inspiração religiosa como a Ordem de Malta (Duverger, 1951 e 1961, p. 149). A emergência dos totalitarismos pode ser interpretada, pelo menos em parte, desta forma. Na verdade, o totalitarismo moderno pode ser considerado como o culminar de um processo desencadeado pela intervenção de um partido de tipo «liga» ou *Bund* num contexto de racionalidade liberal agitada, com o objetivo de restaurar – ou de projetar no futuro – valores comunitários. Sobre este assunto, Duverger salienta que o comprometimento exigido pelo *Bund* é «a adesão total, uma orientação do conjunto da vida». Conclui-se que «todos os partidos totalitaristas têm uma característica de *Bund* e todos os partidos com características de *Bund* são totalitários» (*ibid.*, pp. 152-153).

Podemos observar uma tendência da elite para o exclusivismo, ligada a uma vontade mais ou menos nítida de se distinguir, isto é, de se comportar com um *in-group* perante um *out-group*. De facto, os grupos, quaisquer que sejam, podem ser de tipo fechado ou de tipo aberto. No caso de uma elite reconhecida ou autoproclamada, diversos fatores incitarão a restringir o acesso, mesmo a pessoas que preencheriam todas as condições formais para aceder a esta elite. Primeiro que tudo, existe o próprio mecanismo de distinção que faz o prestígio depender de uma distância em relação às categorias maioritárias. O simbólico valor de pertença à elite só poderia diminuir se o acesso se tornasse muito fácil. Depois, pode não existir a vontade de distribuir largamente as vantagens económicas e sociais de pertença a um grupo minoritário. Por fim, pode existir o receio de ver transformar-se, pela simples lei do número, um modo de vida e formas de sociabilidade que necessariamente são apanágio de uma minoria. O maior grau de exclusivismo encontra-se nas elites que apresentam certos traços típicos das castas, tais como aqueles que Celestin Bouglé evidenciou: hierarquia, hereditariedade, repulsão (1908). Sobre este assunto, Tocqueville, ao refletir sobre os fatores que haviam suscitado a Revolução Francesa, chamou a atenção para um nítido contraste entre as aristocracias francesa e inglesa sob o Antigo Regime em declínio. A primeira tinha tendência para adotar comportamentos de casta, isolando-se das outras categorias sociais e conferindo importância prioritária ao fator hereditário, enquanto a segunda era relativamente aberta e cooptava regularmente os elementos mais dinâmicos das outras camadas sociais. A aristocracia inglesa não era só aberta, os seus limites eram incertos, indistintos, «de tal forma que tudo o que dela se aproximava acreditava pertencer-lhe» (Tocqueville, 1952, p. 152).

O DESEMPENHO E A TRANSMISSÃO HEREDITÁRIA

A tónica posta no caráter hereditário de uma minoria dirigente ou privilegiada coloca o problema da natureza do caráter distintivo da elite. Desde Talcott Parsons que os juízos baseados no desempenho (*achievement*), isto é, em características adquiridas pelo indivíduo, se opõem geralmente aos juízos assentes em características atribuídas ou herdadas (*ascribed*), que nada devem aos esforços do próprio indivíduo. Sem muitas dificuldades lógicas, a preeminência pode estar associada a elementos atribuídos e devidos à transmissão hereditária. Contrariamente, a excelência só se outorga diretamente pelo desempenho. Para se poder outorgar uma presunção de excelência a uma categoria social preeminente pelo nascimento, é necessário demonstrar de forma convincente que as qualidades que fundamentaram a preeminência dos antepassados foram transmitidas de geração em geração e nunca deixaram de ser característica dos herdeiros. Quando a realidade desta transmissão de excelência é posta em dúvida, é a própria legitimidade de preeminência que é questionada. A este propósito, Tocqueville, de igual modo, julgava instrutiva a comparação entre as nobrezas francesa e inglesa. Do lado inglês, a nobreza continuava a participar efetivamente no exercício do poder. Do lado francês, a nobreza agarrava-se aos privilégios mas dispunha cada vez menos de poder real. Ora isto gerava uma forte diferença nas atitudes e nas perceções. Em Inglaterra, a nobreza ansiosa por conservar um poder efetivo, e não apenas a aparência de poder, viu-se obrigada a adotar estratégias de conciliação com as outras classes, resultando daí, sobretudo, uma partilha mais equilibrada dos cargos fiscais. «Ali, comenta Tocqueville, a aristocracia chamou a si os cargos públicos mais pesados para que lhe fosse permitido governar; aqui, manteve até ao fim a imunidade de imposto para se consolar do facto de ter perdido o governo» (Tocqueville, 1856, pp. 159-160). Tocqueville conclui que é a perda de credibilidade da nobreza francesa como elite detentora de uma qualquer forma de excelência que contribuiu para levar a França a uma via de mudança social através da revolução violenta em vez da evolução gradual.

As características que fundamentam a pretensão a um estatuto de elite podem assim ser «adquiridas» ou atribuídas (*achieved* vs *ascribed*). Esta distinção não deixa de ser importante nas interações que se podem estabelecer entre o grupo minoritário e a maioria da população. De facto, como salienta Siegfried Nadel, a superioridade de uma certa categoria de indivíduos pode ser reconhecida tacitamente pelo resto da população sem que isto conduza, necessariamente, a uma qualquer dinâmica social (Nadel, 1990, p. 417). Quando a preeminência está tradicionalmente fundamentada numa característica atribuída ou herdada – a etnia, a raça – a noção de modelo cultural é de fraca pertinência. Na realidade, como é possível ter por modelo uma categoria de indivíduos da qual se é imediatamente excluído! Certamente neste caso observaremos fenómenos de imitação ou de rejeição, mas sem que tal possa traduzir-se em estratégias reais de inserção. Porque, afinal de contas, só podemos aceitar ou rejeitar a validade desta característica como critério de superioridade. Em compensação, quando a preeminência está assegurada por uma característica adquirida – talento, qualificação, rendimento – as condições de acesso à elite, pela via da imitação, pelo menos em princípio, existem. Gera-se uma dinâmica entre as estratégias da elite estabelecida e as dos candidatos à admissão na elite. Por muito pouco que a elite manifeste uma tendência marcada pelo exclusivismo, procurará sempre multiplicar os obstáculos. Uma dialética subtil pode então desenvolver-se entre o que depende dos conhecimentos e das qualificações, por um lado, e o que depende dos talentos sociais – esperteza, habilidade, civilidade – por outro.

A LÍNGUA COMO CRITÉRIO DE SUPERIORIDADE

À língua, como critério de superioridade, deve ser dado um lugar à parte, ou seja, como índice de pertença tanto social como cultural. Na grande maioria dos casos, a língua faz parte da bagagem cultural transmitida pela via da socialização primária. Todavia, pode ser, igualmente, adquirida por aprendizagem posterior. Chega a acontecer que uma elite se distinga pelo uso de uma língua diferente da do seu povo. Foi o caso na Rússia e na Flandres, quando o prestígio internacional do francês incitou as classes dirigentes a exprimirem-se nesta língua. Outrora, em Antuérpia, Bruges e Gand, tal como em São Petersburgo, podia ouvir-se as mesmas expressões de desdém pela fala popular, voluntariamente expressas em termos menosprezantes: «falo francês com os meus amigos e flamengo (ou russo) com a criada». As consequências destas situações podem ser muito diferentes. Podemos assistir a estratégias individuais de aquisição da língua da elite que resultam numa perda de identidade cultural. É igualmente possível assistirmos à emergência de um movimento contracultural com o objetivo de promover a língua desdenhada pela elite estabelecida. Uma das consequências do sucesso de um movimento destes é a gradual emergência de uma elite concorrente, capaz de alcançar posições preeminentes sem abandonar a sua língua de origem. Foi o processo que na Bélgica provocou a luta emancipadora do movimento flamengo.

AS ELITES E A LUTA DE CLASSES

Numerosos comentadores têm a opinião de que os clássicos teóricos das elites eram hostis às conceções marxistas e que uma das suas preocupações seria a de substituir a teoria da «luta de classes» por uma visão, para eles mais adequada, da evolução social. Por exemplo, é o caso de Tom Bottomore para quem as visões teóricas de Mosca e Pareto se desenvolveram «por oposição à teoria social de Marx» (Bottomore, 1964, p. 18). No entanto, a realidade das relações entre a sociologia das elites e a sociologia das classes sociais é mais complexa, na medida em que a noção de «classe» proveniente da tradição marxista está carregada de ambiguidades. Nos escritos de Marx, o termo classe designa tanto as minorias privilegiadas – nobreza, burguesia – como as massas dominadas: os operários, os camponeses (Aron, 1960, pp. 279-280). Seguidamente, encontramos em Marx o esboço de uma teoria de classes com alcance universal – a que está contida na abrupta fórmula do *Manifesto Comunista*: A história de qualquer sociedade, até aos nossos dias, é a história da luta de classes» (Marx, 1965, p. 161) – também aí se encontram argumentos favoráveis a uma contextualização desta teoria, de acordo com a época e a sociedade. Quando é colocado ao serviço das propostas de alcance universal do *Manifesto*, o termo «classe» assenta em categorias bastante heteróclitas, «homem livre e escravo, patrício e plebeu, barão e servo, jurado e companheiro», todos remetidos para uma oposição dicotómica: «numa palavra: opressores e oprimidos» (ibid.). Este termo «classe» alarga-se então aos Stände – quer dizer, às ordens ou estados – do Antigo Regime. No contexto da modernidade, pelo contrário, o termo visa muito mais especificamente grupos caracterizados pela sua posição em relação aos meios de produção. Segundo a variante a que nos referimos, poderemos então considerar a teoria das elites como uma generalização da teoria da luta de classes, como um complemento desta, ou ainda, como uma teoria de substituição. Sobre este assunto, Ralf Dahrendorf salientou que o termo «classe», utilizado para designar grupos definidos em termos estruturais e em luta por objetivos de caráter estrutural, faz parte quer do vocabulário dos autores que se reclamam da teoria das elites, quer daqueles que se situam na tradição marxista (Dahrendorf, 1972, pp. 203-204).

Já em Les Systèmes socialistes, Pareto aceita a ideia de luta de classes e admite a sua realidade «a luta de classes, à qual Marx deu especial atenção, é um facto real», escreve, «do qual encontramos traços em cada página da história» (Pareto, 1902, pp. 117--118). Logo, não se trata de «saber se a luta de classes existe ou não», só se pode constatar a sua existência (Pareto, 1903, p. 409). Porém, Pareto vai mais longe: numa perspetiva darwinista, encara-a como um fenómeno fundamentalmente são: «a evolução realizar-se-á num sentido tanto mais favorável ao bem-estar geral quanto as diferentes classes sociais utilizarem mais energia para defender os seus direitos e salvaguardar os seus interesses» (ibid., p. 450). A luta de classes é assim «uma forma de luta pela vida e aquilo a que chamamos conflito entre o trabalho e o capital não é mais do que uma forma da luta de classes» (ibid., pp. 454-455). Para Pareto, esta oposição capital-trabalho, gerada pelo capitalismo industrial, mais não é do que uma forma particular de antagonismo inerente a qualquer sociedade diversificada. Portanto, reconhece a importância da luta de classes como motor da mudança social. Contudo, apresenta algumas reservas quanto ao peso dado por Marx aos fatores económicos, parecendo-lhe a força militar ou o controlo do aparelho de Estado elementos a não negligenciar. Também não aceita reduzir a luta de classes ao confronto entre duas classes antagónicas: «Ela não acontece só entre duas classes: a dos proletários e a dos capitalistas acontece entre uma infinidade de grupos com interesses diferentes e sobretudo entre elites que disputam o poder» (1902, p. 118). Pareto não concorda com a ideia do fim da luta de classes numa sociedade sem classes da qual toda a fonte de conflitos teria desaparecido. Para ele é demasiado evidente que iriam surgir conflitos sociais de outro tipo: «Suponham que está estabelecido o coletivismo, suponham que o capitalismo deixa de existir, portanto já não poderá estar em conflito com o trabalho; porém, só terá desaparecido uma forma da lutas de classes, outras substitui-las-ão» (Pareto, 1903, p. 455). Assim, encontramos em Pareto uma oposição dicotómica que atravessa o curso da história e que também é tão fundamental como a oposição marxista entre dominadores e dominados ou entre elites e massas. Mas a luta de classes segrega continuamente novas elites, o que, deste modo, permite a articulação de uma teoria das classes com a teoria das elites. Para Pareto, os movimentos socialistas ilustram a situação: «o socialismo facilita a organização das elites que surgem das classes inferiores e é, nesta época, um dos melhores instrumentos de educação destas classes (Pareto, 1902, p. 63). As classes sociais, segundo Pareto, nunca são blocos homogéneos, o que fornece outro ponto de encontro entre a teoria das classes e a teoria das elites: no meio de uma classe «existem sempre… rivalidades e um dos partidos que se forma deste modo pode procurar o seu ponto de apoio nas classes inferiores. É um fenómeno muito geral. Quase todas as revoluções tiveram por chefes membros dissidentes de uma elite» (*ibid.*, p. 71). Neste ponto também é o socialismo que oferece o exemplo: «… os chefes socialistas recrutam-se, principalmente, entre a burguesia» (*ibid.*, p. 73). Nesta perspetiva de Pareto, a luta pelo controlo dos meios de produção constitui apenas um caso particular; de importância mais geral é a luta das minorias com vocação de elites governamentais pela dominação do Estado.

Adotando a mesma orientação de pensamento, Raymond Aron considera que os regimes sociopolíticos são melhor caracterizados pela «estrutura das categorias dirigentes» do que pelas relações de classes (Aron, 1960, p. 276). Na literatura com orientação marxista, as revoluções políticas que dão lugar a uma substituição das categorias dirigentes são, em última análise, o resultado de confrontos de classe contra classe. Isto parece discutível e o próprio Marx reconhecia que em todas as revoluções do passado teriam existido, na realidade, minorias que se apoderavam do benefício da transformação revolucionária da sociedade. O esquema «classe contra classe» não resiste ao exame se assemelharmos as «ordens» ou «estados» do Antigo Regime a classes no sentido moderno. Ora, estas ordens pré-revolucionárias eram agrupamentos estratificados em competição. A Revolução Francesa é melhor interpretada como sendo o resultado da rivalidade das «ordens» ou «estados» do que sendo um confronto «horizontal»; o Terceiro Estado era um conjunto hierarquizado. Na escatologia marxista, a revolução proletária do futuro deve ser a primeira revolução cujos frutos não serão monopolizados por uma minoria, porque a classe operária revolucionária já não estará incorporada num conjunto hierarquizado. Fará a revolução por si mesma e não poderá impor-se a outras categorias sociais pois está na base da escala social: é *a* classe explorada abaixo da qual apenas existem franjas marginais. Deste ponto de vista, a imagem do confronto classe contra classe é enganadora. Uma classe social inteira não pode exercer o poder. A burguesia, enquanto classe, não exerceu o poder; é uma elite governamental que o exerce em sua representação. Por um forte motivo, a classe operária só podia delegar o poder a uma minoria que o exercesse em seu nome. Assim, a revolução proletária – como as revoluções que a precederam – seria na verdade uma minoria que desapossa outra. Portanto, existe aqui espaço para vários esquemas de interpretação, dependendo todos de uma visão conflitual da história. Podemos considerar o confronto das elites governamentais como um substituto para a noção de luta de classes: uma forma de negar importância à oposição capital-trabalho ou, em todo o caso, reduzi-la fortemente. Mas, pode ver-se aí uma generalização desta teoria porque as elites governamentais em concorrência são sempre a emanação de grupos em conflito, mesmo se têm tendência para se autonomizar em relação ao seu grupo de origem. Também podemos tratar a renovação das elites como um complemento à luta de classes, ao permitir a sua tradução em termos de governo.

ELITE OU ELITES: DIVERSIDADE
DOS PONTOS DE VISTA

Indubitavelmente, pela leitura dos parágrafos precedentes deram-se conta que: frequentemente, um elemento normativo interfere com os elementos puramente cognitivos ou empíricos, nos diferentes pontos de vista emitidos sobre a questão da elite ou das elites. Reduzido ao essencial, o objeto que se apresenta para análise sociológica sob a rubrica «elite (s)», é um objeto que se situa à margem da sensibilidade igualitária que atualmente domina. Na verdade, trata-se da preeminência de uma minoria: das razões desta preeminência e da maneira como se manifesta. Um ponto de vista claramente normativo, mas que não poderia ser pura e simplesmente afastado, é aquele que apresenta as vantagens que decorrem da delegação de poderes e de responsabilidade nas minorias. De acordo com este ponto de vista, as características que devem ser as das minorias, bem como as modalidades da sua seleção, podem e devem ser objeto de debates; contrariamente, o próprio princípio da concentração das funções dirigentes nas mãos de uma minoria deve ser visto como óbvio: os negócios de um qualquer agrupamento social nunca são geridos de igual modo pela totalidade dos seus membros, mesmo quando se trata de uma comunidade relativamente restrita. Este ponto de vista normativo adquire ares desagradáveis quando é acompanhado por um desprezo altivo para com todos os que dependem da «massa». Portanto, merece ser tido em conta – mesmo que no fim seja para o contestar em nome de uma escala de valores oposta – quando se fundamenta em efeitos perversos que podem resultar da recusa da seleção de elites, em termos de desperdício de energias, de défice de competências e de ineficácia na ação.

Ao lado destes posicionamentos com caráter normativo, encontram-se análises que se esforçam – sem no entanto lá chegar – por ficar no terreno da neutralidade axiológica. Estes pontos de vista teóricos podem ser grosseiramente classificados em duas categorias. Primeiro, existe a orientação que privilegia as características pessoais dos membros da elite ou dos candidatos ao acesso à elite. Existe a ideia que uma elite dirigente é necessariamente composta por indivíduos que apresentam qualidades que os colocam à altura de exercer funções de *leadership*, podendo estas qualidades, obviamente, variar bastante consoante os contextos e as épocas. Uma sociedade guerreira não exige as mesmas qualidades de *leadership* que uma sociedade mercantil. O que indica nitidamente que as características em questão não são de modo algum as características psicológicas, contrariamente ao que sugerem, entre outros, David Beetham e Julian Petrie (Beetham e Petrie, 1983, p. 109). A sociedade feudal requer uma aristocracia de guerreiros. A polarização elite-massa traduz-se, neste contexto, pela oposição guerreiros-camponeses. O modo de vida e as normas de comportamento, próprias da aristocracia, favorecem desde logo a formação no seu seio de um *habitus* que impele para a autoafirmação através da força das armas. A evolução histórica tornou esta disposição comportamental cada vez menos útil para a gestão dos negócios internos do país. Progressivamente, é um perfil de gestor que se impõe como característica mais adequada. Num e noutro caso, as características que são requeridas às elites estão subordinadas a exigências relacionais e são por estas engendradas. Uma outra orientação acentua os modos de organização, favorecendo a emergência de elite. Qualquer elite dispõe de formas de organização, ou de talentos organizacionais, que lhe permitem impor-se à maioria desorganizada. Uma vez mais, as exigências organizacionais podem ser muito diferentes de uma sociedade para outra. O modo de organização que permite a imposição pela força não é aquele que permite a dominação pela habilidade manobradora ou pelo sucesso nas transações comerciais. Mas, nesta ótica, há que prestar atenção sobretudo à emergência das organizações complexas do mundo moderno e à tendência para a burocracia que daí resulta. Esta progressiva burocratização do governo das sociedades desenvolvidas exige a colocação de elites funcionais específicas e torna problemático o funcionamento dos regimes democráticos. Logo, a questão que se coloca é a da compatibilidade entre a existência de elites especializadas e os princípios de governação democráticos. É a diversidade das elites que, geralmente, é considerada como a garantia desta compatibilidade. As elites em composição oferecem à população um papel de arbitragem, por muito que esta se sinta suficientemente habilitada para o desempenhar. A própria burocratização é, no entanto, a fonte de uma opacidade de natureza a desencorajar a implicação do grande número na gestão dos negócios públicos.

Apesar da ligação que se pode estabelecer entre os dois termos da conceção paretiana, as hesitações entre o uso do singular e o do plural – elite ou elites – têm tendência para se traduzirem numa explosão do termo. John Scott, a este respeito, distingue entre teóricos ditos «elitistas» – nós diríamos unitaristas para não suscitar confusão com os normativistas –, que centram a sua atenção na existência de *uma* elite dirigente, governamental ou não, e os teóricos que podem ser qualificados de «pluralistas» que se interessam, contrariamente, pela diversidade das elites, em todos os contextos e a todos os níveis (Scott, 1990, pp. xi-xiii). Isto não oculta a distinção paretiana entre excelência e preeminência. Na verdade, uns e outros podem ficar satisfeitos com a constatação de uma posição com superioridade social. No entanto, para os primeiros, a elite confunde-se com a classe dirigente que encontramos nos cargos de responsabilidade em diversos órgãos do Estado ou no setor privado.

Alain Touraine adota uma posição mais subtil face ao dilema unidade-pluralidade e salienta que qualquer sistema político está sujeito a uma dominação de classe que pode adquirir a forma de uma hegemonia que lhe impõe contrariedades. Apesar de tudo, subsiste um «elemento de pluralidade» que não se reduz a uma relação de dominação e que supõe «a existência de forças sociais e políticas» diferentes. A sua competição, ou conflito, traduz-se «por uma luta de influência sobre o poder de decisão e por pressões de todas as ordens exercidas sobre os elementos unificadores». Não deixa de ser verdade que um sistema «completamente pluralista só pode estar num estado de decomposição e de incoerência, agregado de lobbies e de grupo de interesses sem correspondência de um setor institucional para outro» (Touraine, 1973, pp. 214-216). Nos capítulos seguintes passaremos em revista, sucessivamente, os argumentos que defendem a unidade da elite dirigente ou a pluralidade das elites em competição.

CAPÍTULO 2

A ELITE COMO CLASSE DIRIGENTE

As relações entre a noção de elite e a de classe social estão envoltas em muita confusão. Para alguns, a elite – elite dirigente, elite governamental, elite de força – *é* uma classe social porque possui as suas principais características: estatuto mais ou menos homogéneo, nível de formação e de rendimentos correspondente, consciência de pertença a uma categoria com interesses muito semelhantes. Deste modo, o termo elite sobrepor-se-ia à expressão «classe dirigente» ou *ruling class,* na literatura de língua inglesa. Para outros, ao invés, cada classe possui a sua própria elite e poderíamos contar tantas elites quantas as classes sociais que se distinguem. Também vemos reaparecer a utilização contrastada do singular e do plural. Mas é sobretudo da elite como minoria dirigente que será questão neste capítulo, qualquer que seja a unidade ou a diversidade desta minoria.

A teoria das elites – o estudo sistemático dos processos que afetam as elites dirigentes – foi frequentemente considerada como um substituto da teoria da luta de classes. Observemos, todavia, que o declínio da ideia de luta de classes ao longo das últimas décadas em nada favoreceu a noção de elite. O envolvente individualismo igualitário cria certamente um clima desfavorável à ideia de barreiras de classes, mas este clima também não é favorável à ideia de categorias que só seriam acessíveis seletivamente. É mais facilmente evocada a homogeneização relativa dos gostos e das práticas, numa sociedade nivelada, com hierarquias relativamente fluidas. Mas o caráter aparentemente antitético da teoria das elites e da teoria da luta de classes merece que lhes prestemos atenção. Para a maioria dos autores do século XIX – e para Marx em particular – o Estado, a governação, a política são epifenómenos que não merecem um tratamento particular. Com esta atitude opera-se a rutura com os filósofos políticos dos séculos precedentes, de Thomas Hobbes a Jean-Jacques Rousseau. Com a sua insistência na autonomia do político, Alexis de Tocqueville, neste assunto, é exceção, o que contribui para o atual regresso do interesse pela sua obra. Mas a teoria da luta de classes, tal como emerge da obra marxista, não dá ao Estado nem àqueles que o servem o estatuto de fator distinto nos processos de mudança social. O movimento da história é feito de um confronto de interesses de classes, cabendo a cada época uma classe oprimida ou, pelo menos, dominada: os escravos no modo de produção antigo, os servos no modo de produção feudal, os assalariados no modo de produção capitalista próprio da sociedade burguesa. De cada vez que as contradições, próprias de um modo particular, chegam a uma situação de crise, resulta daí uma situação de mudança de natureza revolucionária. Mas, as revoluções do passado, como recorda Raymond Aron, sempre se produziram sob o impulso de minorias e tiveram por beneficiários as minorias. (Aron, 2002, p. 51). Portanto, até aqui podemos reter a sobreposição da ideia de classe dominante e a de elite dirigente. No entanto, na conceção marxista, esta sobreposição não é uma constante da história; não está destinada a durar. A revolução proletária deve romper com este eterno retorno das minorias às funções dirigentes. Pondo fim à dominação da burguesia e ao regime capitalista, a classe operária deve pôr fim, de uma vez por todas, aos antagonismos de classes e tornar possível o advento de uma sociedade sem classes. Desde logo, a visão marxista da mudança social assenta na ideia de uma transformação radical que suprima os confrontos do passado e torne caduca a distinção entre minoria dirigente e maioria dominada.

É neste ponto que os clássicos teóricos das elites (Pareto, Mosca, Michels) se afastam resolutamente da visão de futuro ligada à teoria da luta de classes. No seu espírito não existe nenhuma razão séria para que o reino das minorias dirigentes tenha fim e a crença no advento de uma ordem social que aboliria as diferenças entre dominantes e dominados é do domínio da utopia social. Todas as sociedades humanas conhecidas foram dirigidas por minorias e tudo leva a crer que só podem variar as características destas minorias. Uma mudança revolucionária que acaba com a dominação de uma elite apenas pode levar ao poder uma outra elite. Isto não impede que, num plano teórico, exista verdadeiramente contradição entre luta de classes e dominação de elites. Uma sociedade pode ser uma sociedade de classes, atravessada por antagonismos entre estas classes, ao mesmo tempo que é dirigida por uma minoria que não se identifica de forma alguma com as classes em presença. Contrariamente, num plano metateórico, o afastamento é importante. Estamos perante duas sensibilidades radicalmente opostas. Para os teóricos da luta de classes, o devir histórico é portador de uma promessa de apaziguamento da história, numa sociedade reconciliada consigo mesma. Encontramo-nos assim perante uma visão fundamentalmente otimista do futuro da humanidade, trazida pela ideia de progresso. Em comparação, os teóricos das elites surgem, aparentemente, muito mais pessimistas, embora queiram, antes de mais, ser realistas. A sua conceção do decurso da história é cíclica. Não há fim da história. As mesmas causas produzem os mesmos efeitos e nenhum projeto de reorganização social pode eliminar a necessidade de uma elite dirigente; contrariamente, o que pode mudar, para melhor ou para pior, é a forma como a elite dirigente assegura o seu poder. Relativamente à ideologia de progresso que domina o século XIX, sob uma ou outra forma, os teóricos das elites do início do século XX introduzem uma perspetiva completamente diferente.

A TENDÊNCIA PARA A OLIGARQUIZAÇÃO

Para os teóricos das elites, na história da humanidade existem constantes que reaparecem em cada época sob novas formas. As tendências recorrentes que eles evidenciaram pareceram-lhes justificar o recurso à noção de «lei». Atualmente, os sociólogos, conscientes da impossibilidade de formular leis com validade universal comparáveis às leis das ciências da natureza, renunciam a expressar-se em termos de leis. Preferem limitar-se, prudentemente, a apresentar «tendências» ou ainda à formulação de propostas condicionais do tipo: «Se A então B», indicando que, se um certo número de condições estão reunidas (A), podemos na verdade debruçar-nos sobre esta ou aquela consequência (B). O estudo de fenómenos relacionados com a teoria das elites sugere, contudo, a existência de tendências com um caráter tão geral que o termo lei parece impor-se para as designar. É o que se passa com a «lei de ferro da oligarquia» apresentada pelo sociólogo e economista germano-italiano Robert Michels (1876-1936) que se inspira muito nos trabalhos de Mosca.

ROBERT MICHELS E A LEI DE FERRO DA OLIGARQUIA

Fundamentando-se na sua experiência do funcionamento dos partidos sociais-democratas alemão e italiano, Michels mostra primeiro que existem limites muito nítidos para a aplicação dos princípios democráticos, mesmo nos partidos que estão votados à luta por uma sociedade igualitária. «O ideal prático da democracia», escreve Michels, «consiste na autogovernação das massas, conforme as decisões das assembleias populares». Mas, prossegue, «o argumento mais forte contra a soberania da massa é tirado da impossibilidade mecânica e técnica da sua realização. Querer reunir regularmente assembleias deliberantes de mil membros seria esbarrar com as maiores dificuldades de tempo e espaço.» (Michels, 1971, pp. 27-28). A necessidade de obter uma organização sólida e eficaz impele para a delegação de responsabilidades numa minoria ativa na qual somos obrigados a confiar porque é impossível fazer participar o conjunto dos membros na gestão da organização. Este princípio de delegação e as suas consequências podem ser abordados de um ângulo muito geral. Logo que um grande número de indivíduos esteja junto numa organização que tenha alguma eficácia, uma minoria dirigente emerge de uma forma ou outra e – quer queira ou não – destaca-se, pouco a pouco, da massa que deve representar e guiar. As tendências para a oligarquização chamam a atenção de Michels para três pontos de vista. No que se refere à teoria das elites, questiona-se como é que uma situação de democracia real pode ser realizada ao nível dos Estados nacionais. De um ponto de vista da sociologia geral, examina como é que estruturas oligárquicas podem ser explicadas em partidos políticos cuja ideologia e cujos estatutos têm uma orientação democrática e igualitária. Por fim, numa ótica de prática política, interroga-se sobre o papel que os partidos sociais-democratas podem verdadeiramente desempenhar na edificação de uma sociedade socialista (Michels, 1971).

A diversidade das preocupações de Michels implica a sobreposição confusa de várias linhas de argumentação e isto não é feito para facilitar a compreensão de raciocínios que um estilo um pouco prolixo já obscureceu. Giovanni Busino não erra ao sublinhar o caráter «desarmónico» dos indicadores de oligarquia de Michels (Busino, 1988c, p. 66) e o aspeto «heteróclito» das suas explicações (Busino, 1992, p. 25). Todavia é possível esquematizar o processo descrito pelo autor levando-o para o jogo de um reduzido número de variáveis. Antes de mais existe o fator tempo. É a instalação na duração que favorece e torna necessário, simultaneamente, o estabelecimento de estruturas formais. «Originariamente, o chefe é só o servidor da massa. A organização está fundamentada na igualdade absoluta de todos aqueles que dela fazem parte» (Michels, 1971, p. 28). Logo que exista a criação de uma organização destinada a durar, a vida organizacional tem as suas próprias exigências que estão ligadas à evolução do número de membros. As medidas que visam precaver-se contra a oligarquização «só são aplicáveis em pequena escala» (ibid., p. 30). Numa perspetiva de expansão, o crescimento é primeiro puramente quantitativo: o número de membros aumenta. A massificação da organização suscita, então, um aumento da complexidade organizacional: assiste-se a uma diversificação das relações entre os membros. «A especialização técnica, esta inevitável consequência de qualquer organização mais ou menos expandida, necessita do que chamamos a direção dos negócios. Daí resulta que o poder de decisão, que é considerado como um dos atributos específicos da direção, é mais ou menos retirado às massas e concentrado apenas entre as mãos dos próprios chefes» (ibid., p. 32). Segue-se, igualmente, uma formalização das relações. Estas condições estruturais suscitam processos cumulativos conduzindo inexoravelmente a um reforço da diferenciação entre dirigentes e dirigidos. «Qualquer organização solidamente constituída, quer se trate de um Estado democrático, de um partido ou de uma liga de resistência proletária, apresenta um terreno eminentemente favorável à diferenciação de órgãos e funções» (ibid., p. 33). Esta especialização funcional reduz automaticamente as possibilidades de controlo das instituições dirigentes pela base. Correlativamente, a distância social e psicológica entre dirigentes e dirigidos aumenta.

Se examinarmos, com detalhe, a demonstração proposta podemos considerá-la insuficientemente convincente e dar razão a Busino quando critica a escolha dos «indicadores de oligarquia» sobre os quais assenta (Busino, 1992, p. 23). Também se pode querer afinar a análise e distinguir, por exemplo, entre as oligarquias que apesar de tudo trabalham para a realização dos fins enaltecidos pela base e as que perseguem os seus próprios fins (ibid., p. 24). Não deixa de ser verdade que a tendência para a concentração do poder e das responsabilidades nas mãos de uma minoria é de aplicação bastante geral e é assim que Michels a concebe (Parry, 1969, p. 45). Ele insiste nisso: «Quem diz organização, diz tendência para a oligarquia. Em cada organização, quer se trate de um partido, de uma associação profissional, etc., o pendor aristocrático manifesta-se de forma bastante pronunciada. O mecanismo da organização, ao mesmo tempo que dá a esta uma estrutura sólida, provoca na massa organizada graves mudanças. Inverte por completo as posições respetivas dos chefes e da massa. A organização tem por efeito dividir qualquer partido ou sindicato profissional numa minoria dirigente e numa maioria dirigida» (Michels, 1971, p. 33). De facto, para Michels, a oligarquização é uma inesperada consequência ou, se preferirmos, um perverso efeito da organização. É portanto a análise dos processos que dá lugar a esta tendência que se presta a discussão, não a própria existência da tendência.

A variável «número» desempenha um importante papel no esquema explicativo de Michels. Sobre este assunto, observaremos de novo uma afinidade de raciocínios que assentam no elemento quantitativo tal como a sociologia formal de Simmel. Na verdade, este analisou a influência do número nas formas de interação social. «À primeira vista», escreve Simmel, «a nossa experiência quotidiana obriga-nos a reconhecer que um grupo, a partir de uma certa dimensão, para que se mantenha e desenvolva, deve elaborar regras, formas e órgãos de que anteriormente não tinha necessidade». Pelo contrário, «círculos mais restritos apresentam qualidades e ações recíprocas que ineluta-velmente perdem logo que aumente o seu número». (Simmel, 1999, p. 81). Variações de ordem puramente quantitativa têm, para Simmel, duas espécies de consequências. Por um lado, certas formas de vida em comum só se podem realizar «aquém ou além de um limite do número dos seus elementos», por outro lado, «algumas modificações puramente quantitativas do grupo» implicam necessariamente certas formas de vida em comum (*ibid.*). E Simmel tira daí conclusões práticas que, efetivamente, vão totalmente ao encontro das preocupações de Michels. «Podemos constatar», alerta ele, «que ordens socialistas, ou próximas do socialismo, até hoje só foram realizáveis em pequeníssimos círculos e, pelo contrário, fracassaram sempre nos grandes círculos». Isto põe em causa a diferenciação progressiva que gera o aumento da dimensão do grupo. Uma repartição equitativa do trabalho e dos frutos do trabalho pode ser realizada com relativa facilidade num pequeno grupo. O afastamento não é muito grande «entre o que cada um consegue para a coletividade e o que a coletividade lhe dá»; assim a comparação e a compreensão tornam-se fáceis. Pelo contrário, num grupo de grandes dimensões, a situação torna-se problemática «porque as pessoas, as suas funções e as suas exigências são forçosamente diferencia-das» (*ibid.*, pp. 81-82).

SEYMOUR LIPSET E O «CASO DESVIANTE»

A melhor maneira de fazer justiça à teoria oligárquica e de ajuizar se ela conduz ou não a uma «lei» com validade universal é procurar verificar ou infirmar a inevitável característica que

A «lei de ferro da oligarquia»
segundo Robert Michels

O processo que começou graças à diferenciação das funções do partido é finalizado a favor de um conjunto de qualidades que os chefes adquiriram pelo facto de sobressaírem da massa. Os chefes que, no início, surgiam *espontaneamente* e só exerciam as funções de chefe a título *acessório* e *gratuito* tornam-se chefes profissionais. Este primeiro passo desde muito cedo é seguido por um segundo, os chefes profissionais não tardam a tornarem-se chefes *estáveis* e *inamovíveis*.

O fenómeno oligárquico que desta forma se produz encontra assim uma explicação *psicológica*, isto é, decorre das transformações físicas que as diferentes personalidades do partido sofrem ao longo da vida. Mas explica-se também, e até prioritariamente, pelo que poderíamos chamar de a *psicologia da própria organização*, ou seja, pelas necessidades de ordem tática e técnica que decorrem da consolidação de qualquer agregado político disciplinado.

Reduzida à sua mais breve expressão, a lei sociológica fundamental que, inexoravelmente, rege os partidos políticos (dando à palavra «político» o seu sentido mais lato) pode ser assim formulada: a organização é a fonte de onde nasce o domínio dos eleitos sobre os eleitores, dos mandatários sobre os mandantes, dos delegados sobre os que delegam. Quem diz organização, diz oligarquia.

Qualquer organização de um partido representa uma força oligárquica que assenta numa base democrática. Em todo o lado encontramos eleitores e eleitos. Mas também, por todo o lado, encontramos um poder quase ilimitado dos eleitos sobre as massas que os elegem. A estrutura oligárquica do edifício asfixia o princípio democrático fundamental. *O que é* oprime *o que devia ser*. Para as massas, esta diferença essencial entre a realidade e o ideal continua um mistério.

Robert Michels, *Les Partis politiques. Essai sur les tendances oligarchiques des démocraties*, trad. fr. Paris, Flammarion, 1914, pp. 300-301 (1.ª ed. alemã, 1911).

Michels atribuiu à oligarquização. A maioria das organizações ou das associações empiricamente observáveis apresenta de forma incontestável esta tendência, quaisquer sejam, por um lado, as modalidades precisas e as razões, por outro. É necessário desde logo questionar se certas organizações chegam a desviar-se de forma duradoura das tendências oligárquicas. O sociólogo e politólogo americano Seymour Martin Lipset inspirou-se fortemente nos trabalhos de Michels. Considera que a tendência para a oligarquização é muito geral e que a «lei de ferro», na verdade, corresponde ao modo de desenvolvimento mais frequente das organizações quaisquer que elas sejam. Lipset observa, igualmente, que os esforços para reduzir o controlo oligárquico das organizações através de procedimentos formais geralmente falharam (Lipset *et al.*, 1956, p. 6). Todavia, contrariamente à maioria dos investigadores que se dedicou à análise das tendências para a oligarquização nos diferentes contextos organizacionais, Lipset deu-se ao trabalho de analisar um caso que parecia escapar à tendência geral. É o que ele mesmo classifica de *«deviant case method»*, o método do caso desviante (*ibid.*, p. 469).

Lipset pensa ter encontrado este caso desviante no sindicato dos tipógrafos, fundado nos Estados Unidos em 1850 com o nome *International Typographical Union* ou ITU. A equipa investigadora, dirigida por Lipset, orientou a sua análise para os mecanismos oligárquicos que surgiam um pouco em todas as organizações algo complexas, mas não as encontrou neste sindicato ITU. Esta situação não induziu Lipset a questionar os pontos de vista de Michels, mas sim a querer precisar-lhes as condições de aplicação. Então, os investigadores questionaram-se sobre quais seriam os elementos suscetíveis de neutralizar as tendências para a oligarquia e de preservar a democracia interna no seio deste sindicato (*ibid.*, pp. 12-13). Originariamente, os tipógrafos constituíam uma aristocracia operária, identificando-se fortemente com o seu ofício e constituindo uma verdadeira comunidade. Daí resultava um grande estímulo para participar na vida da organização sindical e uma nítida reticência para se comprometerem com atividades fracionárias. Por outro lado, as secções do ITU tinham uma forte tradição de autonomia local que travava as tendências para a burocratização. À medida que as habituais tendências para a oligarquização se manifestavam, iam sendo neutralizadas graças à participação ativa de todos os membros. A eleição dos dirigentes, por referendo, foi conseguida em 1896 e resultou numa organização sindical segura de si e muito à vontade nas suas relações com as direções das empresas (*ibid.*, pp. 440-448).

Para além dos fatores contingentes, Lipset e a sua equipa esforçaram-se por apresentar de forma generalizada os fatores que podem neutralizar as tendências para a oligarquia. Estes são quatro. Primeiro, é necessário que as secções locais beneficiem de larga autonomia, de forma a neutralizarem os efeitos puros do crescimento organizacional. Em seguida, é necessário que existam redes de relações informais no seio da organização, de forma a preservar as reações primárias entre os seus membros.

Em terceiro lugar, é necessário que estejam reunidas as condições que permitem o confronto aberto de pontos de vista. A oposição interna deve ser considerada como legítima e não deve ter necessidade de se refugiar na formação de cliques que manobrem nos bastidores. Finalmente, é necessário que as ameaças externas que pesam sobre a organização sejam fracas (*ibid.*, pp. 465-469). Observemos no entanto que, no caso presente, se trata de condições que podem atenuar o caráter oligárquico da direção ou retardar o processo de oligarquização, mas que, em caso algum, garantem a sua eliminação. Não se trata, portanto, de uma lei e ainda menos de uma «lei de ferro», expressão esta que perfuma o século XIX cientista. Mas, temos de nos defrontar com uma tendência tanto mais geral que não se manifesta apenas, sob as formas apontadas por Robert Michels, nos partidos sociais-democratas. Mesmo que não estejamos permanentemente de acordo sobre o exato jogo das variáveis que geram o processo, podemos conceder à oligarquização uma característica vaticinadora muito forte, não obstante nos situemos ao nível de generalidade apropriada e não nos esforcemos por predizer uma ou outra sequência em toda a sua singularidade. O processo de oligarquização considerado na sua globalidade harmoniza-se aliás muito bem com uma abordagem de tipo individualista.

Reencontramos aí efetivamente a oposição elite-massa, com as características destas duas categorias antitéticas. Perante uma minoria que dispõe de alavancas de comando na organização, a relativa placidez do membro de base surge como uma forma de comportamento racional quando a maioria dos membros constitui uma massa importante e fracamente estruturada.

EUGÈNE DUPRÉEL E A ESTRUTURA EM QUADRICULADO

No plano da sociedade global, a tendência para a oligarquização pode situar-se no quadro da «estrutura em quadriculado» descrita pelo sociólogo belga Eugène Dupréel (1879-1967). Para este autor, qualquer sociedade desenvolvida pode ser esquematizada sob formas «de figuras oblongas, verticais e paralelas» representando domínios de atividade, enquanto «outras figuras alongadas, espécie de ligaduras ou galões atravessando horizontalmente as primeiras», representam classes ou níveis de estatutos (Dupréel, 1948, p. 125). Henri Janne (1908-1991) serviu-se desta representação em quadriculado para descrever o que qualificou de processos de «verticalização» das organizações operárias. Segundo ele, organizações de classe, horizontais à partida, segregam elites aptas para negociar com os representantes de outras categorias sociais. Isto dá lugar a uma verticalização da organização no sentido em que as elites em questão se elevam na escala social e adquirem o seu próprio ponto de vista (Janne, 1960; 1968). Trata-se efetivamente de um caso de figura do fenómeno de oligarquização, podendo traduzir-se em termos de relações interpessoais. Dado este entrecruzamento de setores funcionais verticais com camadas sociais horizontais, na verdade temos todas as razões para pensar que a interdepen-

dência das relações se organiza de forma cada vez mais intersetorial à medida que se sobe nas diferentes colunas que representam os diversos setores da hierarquia social e que o campo das
tarefas de coordenação se alarga. Noutros termos, a interdependência ou, segundo Dupréel, a complementaridade das relações
interindividuais – ou seja, o seu condicionamento recíproco –
transborda cada vez mais os domínios de atividade específicos
à medida que se sobe nas suas hierarquias respetivas. Assim se
encontra criada uma das condições psicossociais da diferenciação entre elite e massa.

A ELITE GOVERNAMENTAL

Ninguém é mais claro que Pareto sobre a impossibilidade de
conceber uma sociedade organizada, mais ou menos estável, sem
uma elite dirigente. No *Traité de sociologie générale* escreve: «Existe
em todo o lado uma classe governante, mesmo onde existe um
déspota; mas as formas sob as quais ela surge são diferentes.
Nos governos absolutistas, apenas um soberano aparece em
cena; nos governos democráticos, é um parlamento. Porém, nos
bastidores encontram-se aqueles que desempenham um papel
importante no governo efetivo» (Pareto, 1916 § 2253). E a sequência da argumentação mostra bem que Pareto engloba nesta
«classe governante» uma elite governamental e uma elite não
governamental que lhe está estreitamente associada: «A classe
governante não é homogénea. Ela mesmo tem um governo e uma
classe mais restrita ou um chefe, um comité que, real e pratica-
mente, predominam» (*ibid.*, § 2254).

PARETO: OS RESÍDUOS E AS DERIVAÇÕES

Para compreender o papel que Pareto outorga à elite governamental e a relação que estabelece entre a elite e o resto da
população, é indispensável evocar, de forma breve, a sua conceção de equilíbrio social como resultado de ações lógicas e não
lógicas. Na base das ações humanas, segundo Pareto, existe um

certo número de constantes que se atualizam de diferentes formas e que se encontram em todas as sociedades: são os «resíduos», isto é, «o que resta» quando se elimina tudo o que é superficial ou conjuntural. Estes resíduos, que podem ser classificados em seis classes, são a expressão de sentimentos próprios da natureza humana; as classes de resíduos estão no fundo das «famílias de sentimentos». No que diz respeito ao papel da elite dirigente, as duas primeiras classes de resíduos são as mais pertinentes. Trata-se do «instinto das alianças» e da «persistência dos agregados». Pretendemos «fazer qualquer coisa» e em qualquer ação, mesmo pouco elaborada, faz-se sentir a necessidade de «combinar certas coisas e certos atos». A inventividade humana manifesta-se nesta aptidão para combinar: «poderíamos ensaiar, todos os dias, uma nova aliança». E «as alianças realmente eficazes, como seria o facto de acender o fogo com o sílex, incitam o homem a acreditar também na eficácia de alianças imaginárias». Criam-se, deste modo, «agregados» de objetos materiais e de comportamentos. Com ou sem razão, algumas destas alianças ou agregados parecem ter uma eficácia superior a outras. Uma delas pode mesmo dominar ou tornar-se exclusiva: «persiste no tempo» (Pareto, 1916, § 864). Portanto, a vida social organizada é dominada por um duplo movimento: uma busca incessantemente renovada de «alianças» ou «agregados» eficazes, ou considerados como tal, e uma tendência para querer manter as alianças cuja eficácia se crê provada, resultando daí numa «persistência de agregados». Os resíduos paretianos comandam ações «não lógicas», no sentido em que são dominadas por uma lógica de sentimentos (Aron, 1968, p. XVII). O facto de serem «não lógicas» não significa que sejam ilógicas ou irracionais; elas podem ser logicamente – ou racionalmente – concebidas e executadas, mas derivam de afirmações de valores que não podem ser objeto de qualquer processo de verificação. Um fator decisivo de equilíbrio social é a proporção de resíduos da primeira classe (instinto de alianças) e da segunda classe (persistência dos agregados) que encontramos na elite dirigente e nas massas. Como refere Raymond Aron, «a primeira classe permite a invenção, a segunda fundamenta a conservação» (ibid., p. XX). As sociedades devem assegurar uma certa estabilidade, o que favorece a «persistência dos agregados». Mas a vontade de preservar os agregados que já deram provas pode conduzir à repressão «do instituto das alianças», ou seja, ao recalcar da inovação. Nestas relações com a massa, a elite pode mostrar-se mais ou menos aberta à mudança, mais ou menos conservadora; noutros termos, pode ser caracterizada por uma predominância da primeira ou da segunda classe de resíduos.

Raymond Aron e as derivações segundo Pareto

As derivações são os elementos variáveis do conjunto constituído pela conduta humana e pelo seu acompanhamento verbal. Na linguagem de Pareto, são o equivalente daquilo a que se chama ideologia vulgar ou teoria justificativa. São os diferentes meios de ordem verbal através dos quais os indivíduos e os grupos dão uma lógica aparente ao que na verdade não tem nenhuma, ou não tanto quanto os atores quereriam fazer crer.

O estudo das derivações no *Traité de sociologie générale* contém vários aspetos. Na realidade, podemos examinar as manifestações verbais dos atores em relação à lógica e mostrar quando e como se afastam dela. Por outro lado, podemos confrontar as derivações com a realidade experimental para marcar a distância com a representação que os atores dão do mundo e o mundo tal qual é efetivamente [...].

Se escutarmos um orador numa reunião pública afirmar que a moral universal interdita a execução de um condenado à morte, podemos estudar o seu discurso em relação à lógica e verificar em que medida as propostas encadeadas se seguem de maneira necessária; podemos confrontar este discurso, ou seja, a ideologia da moral universal, com o mundo tal qual é; por fim, podemos escutar o orador e perguntar por que razão os seus propósitos têm um valor persuasivo sobre os seus auditores. O estudo sociológico procura ver como os homens utilizam processos psicológicos, lógicos ou pseudológicos a fim de arrebatar outros homens.

Raymond Aron, *Les Étapes de la pensée sociologique*, Paris, Gallimard, col. «Tel», 1991. p. 444 (1.ª ed. 1967).

Se os resíduos são as constantes do espírito humano, este acompanha-se de «derivações», muito mais variáveis, que visam explicar e justificar as ações dominadas pelos resíduos ou demonstrar a sua legitimidade. (Pareto, 1916, § 845). Trata-se de um trabalho do espírito que visa persuadir – ou persuadir-se – que uma ação não lógica é mesmo uma ação lógica, comandada pela razão e não por «uma lógica de sentimentos», ou seja, por uma escala de valores. É de facto o elemento simbólico – ideológico, filosófico ou religioso – de qualquer sistema de ação.

Encontraremos derivações, escreve Pareto, «cada vez que fixar-mos a nossa atenção nas formas como os homens procuram dis-simular, mudar, explicar as características que na realidade têm algumas das suas maneiras de agir» (*ibid.*, § 1397). Se a elite dirigente pode ser caracterizada pela sua propensão para agir em função de um ou outro resíduo, justifica as suas ações por meio de derivações. De facto, «os homens deixam-se persuadir sobretudo pelos sentimentos (resíduos); por conseguinte, pode-mos prever, o que aliás é confirmado pela experiência, que as derivações vão buscar a sua força não a considerações lógico--experimentais, ou pelo menos não exclusivamente a estas con-siderações, mas antes a sentimentos» (*ibid.*), o que tem como consequência que aquele que tem por finalidade «impelir os homens a agir de uma certa maneira deve recorrer necessaria-mente às derivações, dado que constituem a linguagem por meio da qual se chega até aos sentimentos dos homens...» (*ibid.*, § 1403).

Tal como os resíduos, as derivações podem ser classificadas. Sobre este assunto, Pareto distingue as afirmações mais ou menos elaboradas, o recurso ao argumento de autoridade, a apresen-tação de teorias que têm semelhanças com as teorias científicas e os raciocínios apoiados em provas puramente verbais (*ibid.*, § 1419). Uma elite dirigente distinguir-se-á pelas derivações que vai utilizar para assegurar a sua autoridade. Enquanto as deriva-ções utilizadas continuam convincentes, beneficia de um poder legítimo. Mas as derivações consideradas como aceitáveis num dado momento da história são reveladoras do estado geral de uma sociedade, bem como das características da sua elite dirigente. Como sugere Pareto, «as derivações constituem os materiais utilizados por toda a gente», mas convém dar-lhes «o valor de manifesta-ções e de índices de outras forças que, na realidade, atuam na de-terminação do equilíbrio social» (*ibid.*, § 1403).

MOSCA: A CLASSE POLÍTICA

As conceções de Gaetano Mosca (1858-1941), sobre este assunto, vão ao encontro das de Pareto, apesar de tudo o que possa sepa-rar estes dois autores. A polémica que os opôs em 1907 evidencia ela própria o seu parentesco de pensamento, dado que na elaboração teórica relativa à elite governamental assenta, essencialmente, no primado um do outro. (Albertoni, 1987, p. 35; Aron, 1967, 1991, p. 463). Para Mosca, em qualquer sociedade organizada os que governam são apenas uma minoria, qualquer que seja a forma precisa do governo, qualquer que seja o princípio em nome do qual este exerce o seu poder. A maioria da população – os governados – não participa de forma alguma na gestão dos negócios públicos. Todos os regimes são de facto oligarquias no meio das quais uma minoria organizada e ativa impõe a sua vontade à maioria. Esta minoria constitui a *classe dirigente* que agrupa indivíduos que assumem funções de direção nos principais setores de atividade. *A classe política* é uma parte da classe dirigente: é esta que exerce diretamente funções públicas. Esta classe política corresponde, mais ou menos, à classe governamental em Pareto. As características que dão acesso a esta classe política variam segundo a sociedade e as épocas: pode tratar-se do valor militar, do nascimento, da riqueza ou do mérito pessoal. No entanto, importa compreender que estas características – isoladas ou combinadas – podem não ser suficientes para suportar, duradouramente, a autoridade dos governantes. Para além do mais é necessário que a minoria dirigente seja organizada. É a organização que faz a força dos dirigentes face às massas desorganizadas (Bobbio, 1972, p. 18; Valade 1996, pp. 421-426). Neste ponto, Mosca antecipa as conclusões de Michels, que invoca os seus trabalhos. A proeza da organização cria as condições da oligarquização e assegura a sua continuidade, uma vez constituída. A continuidade implica todavia uma forma de legitimação. Relativamente a este assunto, Pareto e Mosca situam-se na mesma perspetiva. A ideia comum a ambos é de que é necessário fazer a distinção entre os traços aparentes de um regime e as suas características reais. Em Mosca, esta ideia conduz a uma crítica da classificação aristotélica dos regimes políticos. Para ele, o poder pertence a uma minoria, mas encontra-se repartido entre «uma série de sujeitos mais numerosos do que aqueles que surgem como símbolos de qualquer regime» porque «sob qualquer regime, em qualquer país, é necessária uma máquina governamental [...] através da qual se desenvolve toda a ação do governo» (Albertoni, 1987, pp. 52-53). Para Pareto, esta distinção entre o superficial e o fundamental adquire a forma de uma oposição entre os «resíduos» que dominam os governantes e as «derivações» que lhes permitem fazer aceitar estes resíduos pelos governados. Pudemos dar a observar, a este respeito, que é o cruzamento da teoria dos resíduos com a da elite que faz a originalidade de Pareto (Valade, 1990, p. 289).

A NOÇÃO DE «FÓRMULA POLÍTICA»

Para Mosca, é «a aptidão para dirigir» que preside à formação da classe política. Esta aptidão «consiste num determinado número de qualidades pessoais que, numa dada época e num determinado povo, são os mais indicados para exercer esta direção». É necessário juntar-lhe «a vontade de dominar e a consciência de possuir as qualidades requeridas» (Mosca, 1955, pp. 328-329). Todavia, a justificação apresentada da posição dominante nunca se situa, pura e simplesmente, na afirmação de uma aptidão ou de um direito para governar. Existe sempre aquilo a que seríamos tentados chamar uma cobertura ideológica; é o que Mosca, desde 1884, denomina de *fórmula política*. Por isto entende-se, escreve ele, «o facto de, em todos os países que atingem um grau medíocre, mesmo de cultura, a classe dirigente justificar o seu poder fundamentando-o numa crença ou num sentimento que, nessa época e num determinado povo, são na generalidade aceites (*ibid.*, p. 321). De acordo com os regimes e as épocas, poder-se-á tratar da vontade divina, da vontade do povo, da fidelidade a uma comunidade nacional ou ainda da confiança numa dinastia ou num indivíduo a quem são atribuídas qualidades excecionais (*ibid.*, pp. 321-322). Para ser eficaz, a fórmula política «deve corresponder à conceção do mundo que, num dado momento, é a do povo considerado»; desta forma, constitui «o laço moral entre todos os indivíduos que dele fazem parte» (*ibid.*, p. 322). Portanto, não é apenas um «instrumento de legitimação», pode ser «o laço comum de sentimentos e de valores entre governantes e governados» (Albertoni, 1987, p. 43). É portanto, como salienta Valade, «a base jurídica e moral na qual, em qualquer sociedade, está fundamentado o poder da classe dominante» (Valade, 1990, p. 287). A uma fórmula política corresponde sempre um *mecanismo político*, graças ao qual os princípios expressos pela fórmula podem traduzir-se na prática (Albertoni, 1987, p. 61). Este mecanismo é o Estado. Por isso, quando uma população deixa de ter fé nos princípios que fundamentam a fórmula política do momento, mudanças que afetam a classe política são eminentes. «A grande Revolução Francesa explodiu quando a imensa maioria dos franceses deixou de acreditar no direito divino dos reis; a Revolução Russa explodiu quando a quase totalidade dos intelectuais e, talvez também, a maioria dos operários e camponeses russos deixaram de acreditar que o Czar havia recebido de Deus a missão para governar de forma autocrática a Santa Rússia» (*ibid.*). Mosca distingue dois tipos de fórmulas políticas. Umas têm fundamento metafísico, as outras referem-se a um princípio que pode ser objeto de uma deliberação racional. Os regimes que se proclamam de direito divino recorrem a uma fórmula política de primeira categoria. Os que pretendem um mandato popular fundamentam-se numa fórmula da segunda categoria. Esta distinção combina-se com diferentes tipos de organização política. A este propósito, Mosca refere-se ao tipo feudal, ao tipo burocrático e ao de cidade-Estado, grego ou medieval. Na sua mente, o princípio universal-burocrático suplanta pouco a pouco o princípio pessoal-feudal no curso da história. Mosca é assim conduzido para raciocínios que se assemelham às distinções weberianas que assentam nos fundamentos da legitimidade: legitimidade tradicional, legitimidade carismática ou na legitimidade legal-racional. Tanto para Mosca como para Weber, a racionalidade legal é a fonte do poder na época moderna (Valade, 1996, pp. 424-425).

O que separa Pareto de Mosca é o quadro geral da análise. Mosca centra-se no exame dos mecanismos institucionais ligados ao funcionamento do Estado e é esta preocupação que domina a sua *Histoire des doctrines politiques*. Pareto situa-se num quadro social e económico mais geral e pretende dar às suas conclusões a propósito das elites um âmbito mais largo, assegurado pela teoria dos resíduos. Como refere Norberto Bobbio, a maior preocupação de Pareto era chegar a uma teoria do equilíbrio social análoga à teoria do equilíbrio económico pela qual se interessou anteriormente (Bobbio, 1972, p. 77). Assim, não é por acaso que a «querela de precedência» que opôs Mosca e Pareto adquiriu a forma de uma prioridade a acordar à «teoria da elite» ou à da «fórmula política» (Albertoni, 1987, p. 155). Mas é claro que a «fórmula política» – a sua aceitação sem reservas ou o seu enfraquecimento – é reveladora das relações que se estabelecem entre a minoria governante – a elite governamental, segundo Pareto – e a maioria governada. Portanto, é com todo o direito que se pode falar do «paradigma Mosca-Pareto», como faz Albertoni inspirando-se nos trabalhos de Field e Higley (Albertoni, 1987, p. 156).

A «fórmula política» segundo Gaetano Mosca

O novo método dos estudos das ciências políticas tende precisamente a concentrar a atenção dos pensadores na formação e organização da classe dirigente a que em Itália geralmente chamamos «classe política dirigente» (*classe política*). [...] Um dos primeiros resultados do novo método foi a noção daquilo a que, desde 1884, chamamos a fórmula política. Consideramos que, em todos os países que chegaram a um grau mesmo medíocre de cultura, a classe dirigente justifica o seu poder fundamentando-o numa crença ou num sentimento que, nesta época e num determinado povo, são aceites na generalidade. Estes sentimentos podem ser, segundo o caso, a vontade presumida do povo ou a de Deus, a consciência de formar uma nação diferente ou um povo eleito, a fidelidade tradicional a uma dinastia ou a confiança num indivíduo dotado, real ou aparentemente, de qualidades excecionais.

Naturalmente cada fórmula política deve estar em harmonia com o grau de maturidade intelectual e moral do povo e da época em que é adotada. Consequentemente, deve corresponder à conceção do mundo que, num dado momento, é a do povo considerado e deve constituir a ligação moral entre todos os indivíduos que dela fazem parte.

Também quando uma fórmula política está de certa forma ultrapassada, quando a fé nos princípios sobre os quais se apoia se torna frouxa, é o sinal que sérias transformações estão iminentes na classe política dirigente. A grande Revolução Francesa aconteceu quando a imensa maioria dos Franceses deixou de acreditar no direito divino dos reis; a Revolução Russa eclodiu quando a quase totalidade dos intelectuais e, talvez também, a maioria dos operários e camponeses russos deixaram de acreditar que o Czar havia recebido de Deus a missão de governar autocraticamente a Santa Rússia. Inversamente, quando uma fórmula política está em harmonia com a mentalidade de uma época e com os sentimentos mais expandidos num povo, a sua utilidade é inegável porque, frequentemente, serve para limitar a ação dos governantes e, ao mesmo tempo, enobrece de alguma forma a obediência porque esta não é mais exclusivamente o resultado de uma contrariedade material.

Gaetano Mosca, *Histoire des doctrines politiques depuis l'Antiquité jusqu'à nos jours*, trad. fr., Paris, Payot, 1955, pp. 321-322 (1.ª ed. Italiana, 1936).

A ELITE DO PODER

O grau de coesão da elite dirigente é uma questão que suscitou numerosas discussões. Indo ao encontro dos pontos de vista segundo os quais a elite dirigente é constituída por diferentes grupos que não têm nem os mesmos interesses nem a mesma escala de valores, Charles Wright Mills defendeu a ideia de que a convivência entre os diferentes segmentos da elite prevalece sobre tudo o que pode separá-los. Este é o tema do seu livro *The Power Elite* (1956). A sua tese foi muitas vezes simplificada, chegando ao ponto de ser caricaturada. Mills está muito consciente da diversidade das elites, tal como a diversidade de critérios de acesso à elite. Chega mesmo a distingui-los explicitamente evocando «os detentores do poder, da riqueza e da celebridade» (Mills, 1969, p. 17). Ele não contesta de forma alguma a existência, numa sociedade moderna, de setores de atividade diferenciados tendo as suas próprias hierarquias: por exemplo, a economia, o serviço de Estado ou a defesa nacional. Mas o que conta a seus olhos é que estas elites são compostas por indivíduos que ocupam «postos-chave», «postos estratégicos» nas «organizações essenciais» da sociedade (*ibid.*, p. 8). Os fatores de integração parecem prevalecer nitidamente sobre as diferenças específicas e as diversas elites especializadas formam efetivamente uma única «elite de poder».

Charles Wright Mills
(Waco, Texas, 1916 – Nova Iorque, 1962)

Sociólogo americano, estudou filosofia e sociologia na Universidade do Texas. A partir de 1948, é professor na Universidade Columbia, em Nova Iorque. As suas conceções foram influenciadas simultaneamente por Weber e por Marx. Consagrou importantes trabalhos às concentrações de poder na sociedade americana. Tomou uma posição de forma polémica contra uma certa forma de empirismo inspirada pelos trabalhos de Lazarsfeld, mas também contra a teoria geral tal como a defendia Parsons. Por outro lado, devemos-lhe um acautelamento quase profético contra a burocratização da pesquisa e um texto muito bonito sobre a «profissão intelectual», anexo ao seu livro *L'Imagination Sociologique*.

Trabalhos principais: *White Collar* (1951), tr. fr. *Les Cols blancs* (1966); *The Power Elite* (1956), tr. fr. *L'Élite du pouvoir* (1969); *The Sociological Imagination* (1959), tr. fr. *L'imagination sociologique* (1968).

CONIVÊNCIA NA DIVERSIDADE

Esta elite do poder apoia-se em posições institucionais e capacidades de decisão. Trata-se «destes círculos políticos, económicos e militares que, num conjunto complexo de conventículos entrecruzados, partilham as decisões de importância pelo menos nacional» (Mills, 1969, p. 23). O entrecruzamento dos círculos dirigentes tornou-se possível através de uma incontestável homogeneidade psicossocial. Qualquer que seja o seu setor de atividade ou o seu domínio de competências, os indivíduos em posição dirigente têm a mesma origem social e o mesmo nível de educação, resultando daí um estilo de vida parecido, que facilita os contactos sociais (*ibid.*, p. 19). A frequência dos mesmos estabelecimentos de ensino suscita experiências socializadoras semelhantes. Na verdade, a acumulação de funções executivas em diversos setores de atividade é relativamente rara e, por outro lado, é muitas vezes desencorajada por medidas legislativas com vista a eliminar conflitos de interesses. Mas, se a «sobreposição simultânea» não é a regra, observamos com frequência uma «sobreposição sequencial», isto é, a passagem de um setor de atividade para outro para aí ocupar sucessivamente funções dirigentes de naturezas diversas. Mills virou a atenção para as carreiras deste género, permitindo a indivíduos que estão em posição dirigente evoluir entre as carreiras militares, o mundo dos negócios e o serviço do Estado. Segundo ele, o núcleo da «elite do poder» é constituído por indivíduos que se deslocam de um posto de comando num domínio institucional para um posto de nível semelhante num outro domínio. Desta forma, estabelecem laços estreitos entre os diferentes domínios (*ibid.*, pp. 288-289). Como recorda Putnam, o exemplo paradigmático sobre este assunto é o do Presidente Eisenhower que passou de um posto de chefe de estado-maior da armada para a presidência da prestigiosa universidade Columbia, em Nova Iorque, e daí para a suprema magistratura do Estado (Putnam, 1976, p. 110).

Fizemos observar que a «sobreposição sequencial» favorece a compreensão entre os membros da camada dirigente. A preocupação de certos membros da elite governamental em responder aos desejos da elite de negócios pode ser estimulada pela perspetiva de uma reforma suave num posto confortável no mundo das empresas. Este fenómeno, familiar dos observadores americanos do Pentágono, é conhecido em França pelo termo «*pantouflage*». Encontramo-lo, igualmente, em países tão diferentes como o Japão ou a Turquia (*ibid.*, p. 111). Mills acentua o que lhe surge como a unidade fundamental da elite americana do poder. Segundo ele, esta unidade é largamente de ordem psicossocial e resulta de um sentimento de camaradagem que permite aos membros da elite sentirem-se membros de um mesmo meio exclusivo. «Em parte alguma da América» escreve ele, «existe uma "consciência de classe" tão forte como na elite» (Mills, 1969, p. 283). Para Mills, é a lógica da economia capitalista que favorece a interpenetração das diferentes hierarquias institucionais e a mistura das elites especializadas, criando assim uma «elite do poder» compósita, talvez, mas animada de preocupações convergentes. De facto, os interesses dos diferentes setores juntam-se. O mundo dos negócios produz armamentos que são objeto de encomendas governamentais na medida em que correspondem às necessidades manifestadas pelos militares. Encontramo-nos assim confrontados com um verdadeiro complexo militar-político-industrial de onde emergem interesses que se revelam comuns (*ibid.*).

Na verdade, esta solidariedade não significa «que as forças estejam unidas, que saibam exatamente o que têm para fazer». Também não significa «que se dediquem a uma conspiração consciente e organizada» (*ibid.*, p. 23). Procuramos em vão, em *The Power Elite*, uma pista «deste recurso, aparentemente excessivo, à noção de conspiração no topo» (*apparently overdrawn concept of a conspiracy at the top*) de que fala Don Martindale (Martindale, 1981, p. 422). Pelo contrário, Mills afirma: «se a qualquer preço queremos definir a elite como uma classe fortemente coordenada que domina contínua e absolutamente, fechamos desde logo as perspetivas que uma definição mais modesta poderia oferecer-nos». (Mills, 1969, p. 25). Se a elite do poder não está «firmemente coordenada», ela é constituída por pessoas que «partilham a mesma sensibilidade íntima», que frequentam os mesmos locais, que têm os mesmos relacionamentos. A tudo isto junta-se o facto de a elite se compor «de homens de origem e educação semelhantes». Daí resulta que «a sua unidade é favorecida por fatores psicológicos e sociais fundamentados no facto de que são de um tipo social similar» (*ibid.*, pp. 19-24). Resumindo, trata-se de pessoas que povoam as «altas esferas»; ocupam «postos de onde podem, por assim dizer, olhar do alto o mundo quotidiano dos homens e mulheres comuns e transformá-lo com as suas decisões». Na realidade, porque estão à altura «para tomar decisões com consequências capitais» (*ibid.*, pp. 7-8). As suas posições permitem-lhes beneficiar de vantagens que se vão acumulando: «como a riqueza e o poder, o prestígio tende a ser cumulativo, pois quanto mais se tem, mais se pode ter» (*ibid.*, pp. 14-15). Num plano institucional, esta relativa homogeneidade psicossocial traduz-se pela intercambiabilidade dos postos que ocupam (*ibid.*, p. 24), fenómeno que em França foi, de igual modo e muitas vezes, assinalado.

A elite do poder segundo Charles Wright Mills

As organizações essenciais são provavelmente as grandes empresas, porque nos conselhos de administração os membros das diversas elites estão intimamente misturados. No plano superficial, encontramos este facto nas vilegiaturas de verão e de inverno, sob a forma de uma série de círculos que se encaixam de forma complexa; pouco a pouco, toda a gente acaba por encontrar toda a gente, ou por conhecer alguém que conhece alguém que conhece a pessoa em questão.

Os grandes membros das ordens militar, económica e política adotam facilmente o mesmo ponto de vista dos seus semelhantes, sempre com simpatia e muitas vezes com fineza. Definem-se, reciprocamente, como fazendo parte das pessoas que contam e que por conseguinte é preciso ter em conta. Cada um deles, enquanto membro da elite, acaba por incorporar na sua integridade, na sua honra e na sua consciência o ponto de vista, os desejos e os valores dos outros. Se entre eles não existe uma comunidade de ideais e de critérios morais fundamentada numa cultura aristocrática explícita, não quer dizer que não experimentem algum sentimento de responsabilidade uns em relação aos outros.

A coincidência estrutural dos seus interesses, como os factos psicológicos complexos que dizem respeito à sua origem e instrução, à sua carreira e às suas companhias criam as afinidades psicológicas que existem entre eles, afinidades essas que lhes permitem dizer uns dos outros «Bem entendido, é dos nossos». Tudo isto é prova de uma consciência de classe no sentido psicológico fundamental. Em parte alguma da América existe uma «consciência de classe» tão clara como a elite do poder; em parte alguma é organizada de forma tão eficaz.

Charles Wright Mills, *L'Élite du pouvoir*, trad. fr. Paris, Maspero, 1969. p. 290 (1.ª ed. americana, 1956).

RESERVAS E CRÍTICAS

A teoria da «elite do poder» foi objeto de reservas que assentavam sobre o seu domínio de validade. Como refere Putnam, o modo de integração da elite descrito por Mills implica canais de recrutamento bastante flexíveis que facilitam as passagens de um setor de atividade para outro. As carreiras intersetoriais são mais frequentes nos Estados Unidos do que noutros lugares. Na Grã-Bretanha, por exemplo, a integração da elite faz-se de outra maneira. É no seio de cada setor institucional – a política, a administração pública, os negócios, a Universidade, etc., – que a coesão é reforçada por uma longa aprendizagem feita de entendimento. Consequentemente, os membros de um governo recém-constituído na Grã-Bretanha já se conhecem; nos Estados Unidos, pelo contrário, devem apresentar-se frequentemente uns aos outros, tal como ao Presidente. Em geral, «a experiência profissional dos membros do Executivo americano familiariza-os mais com a população, assim como com os problemas que se encontram no topo das outras instituições, mas à custa de laços menos fortes entre eles» (Putnam, 1976, pp. 110-111). A teoria de Mills, no entanto, não tem pretensão universal mesmo que – num certo grau de abstração – tenha uma dimensão universal. Mills refere-se explicitamente à sociedade americana, numa certa fase do seu desenvolvimento histórico, marcada por uma centralização do poder e por uma conjugação dos poderes económico, político e militar. Outras instituições – religiosas, universitárias, familiares – parecem «à margem da história moderna» e deixaram de ser «centros autónomos do poder nacional» (Mills, 1969, p. 10). A economia americana, «outrora composta por uma sementeira de pequenas unidades», chegou a ser dominada por «duas ou três centenas de empresas gigantes». A ordem política, «outrora composta por algumas dezenas de Estados descentralizados», transformou-se «num aparelho executivo centralizado». A ordem militar, «outrora administração pouco importante», tornou-se o «setor mais vasto e mais caro do governo» (*ibid.*, p. 11). Esta evolução deve entender-se no contexto de uma sociedade que não conheceu nenhuma época feudal. A moderna elite americana foi de imediato uma elite burguesa. A velocidade de desenvolvimento do capitalismo não permitiu nos Estados Unidos a constituição «de uma nobreza hereditária duradoura». Não existiu, assim, «uma classe dominante fixa» capaz de «resistir ao empurrão histórico do comércio e da indústria» (*ibid.*, pp. 16-17). Outros teóricos colocam mais em evidência a autonomia do político. Alain Touraine mostra-se crítico face à noção de elite do poder no qual vê «a fusão da classe dirigente e dos responsáveis políticos». Tal fusão, admitida pela teoria marxista clássica, parece-lhe impossibilitada através da «institucionalização dos conflitos sociais» que confirma a autonomia do jogo político (Touraine, 1973, pp. 247-254). Refere que sem dúvida «qualquer decisão política é predeterminada e limitada pela natureza da dominação de classe» Assim, um conselho municipal que entende tomar uma decisão em matéria de renovação urbana só o pode fazer no «quadro do regime da propriedade e tendo em conta, mais concretamente ainda, interesses económicos sobre os quais só existem meios de ação limitados» (*ibid.*, p. 217). Não deixa de ser verdade que «não existe transformação direta da dominação social em poder político» (*ibid.*, pp. 218-219).

A INTEGRAÇÃO COMO FENÓMENO ESPECÍFICO

Fizemos notar, igualmente, que a integração da elite não conduz nem à homogeneidade social nem à convergência de interesses. Segundo Putnam, esta integração é uma variável que depende do grau de acordo sobre as opções e os processos políticos. Várias lógicas que se entrecruzam e se combinam podem ser distinguidas a este respeito: uma lógica consensual, uma lógica competitiva e uma lógica coalescente (Putnam, 1976, pp. 115 e segs.). Nas sociedades pluralistas ocidentais, observamos geralmente um elevado grau de consensos sobre as regras do jogo político, implicando a aptidão para a negociação e para o compromisso, a tolerância a respeito de oponentes políticos, assim como a vontade de se submeter às decisões eleitorais e parlamentares. A aceitação do sistema e dos seus processos parece mais elevada entre os membros da elite que no resto da população. Parece que isto é imputável em grande parte ao nível da educação.

Mas a adesão ao sistema, nos membros da elite, depende também de gratificações que o sistema lhes oferece. Os membros da elite dirigente aceitam geralmente sem reticências as «regras do jogo» porque se trata fundamentalmente do «seu jogo» (Parry, 1969, p. 91). A adesão aos procedimentos estabelecidos não impede, todavia, os desacordos ao nível do conteúdo.

Em termos de preferências políticas, as elites ocidentais são geralmente mais competitivas do que consensuais. No mundo ocidental, os membros da «classe política» são antes de tudo homens de partido e estes são muito mais sensíveis às diferenças ideológicas do que o eleitor comum. Isto não impede que, quando as sociedades estão divididas em campos antagónicos, sejam sempre os membros da elite que se esforçam por encontrar soluções de compromissos aceitáveis pelas partes em presença. Assistimos então a um processo de aglutinação ou de fusão dos diferentes segmentos da elite dirigente. Nos Países Baixos, divididos muito tempo de cima a baixo na escala social em famílias ideológicas e religiosas, segundo o princípio dos *Zuilen* ou «pilares», puderam manter um clima de paz civil graças a fórmulas de coexistência conduzindo gradualmente a uma fusão das elites. A Áustria que tinha sido dilacerada em dois campos armados hostis nos anos 1930 e tinha atravessado um período de guerra civil antes do *Anschluss* hitleriano de 1938, conheceu um processo semelhante de coalescência das elites nos anos que se seguiram à Segunda Guerra Mundial. O resultado foi «uma grande coligação» juntando os «Vermelhos» e os «Pretos». Apesar da animosidade subsistente entre as respetivas bases, os dirigentes nacionais dos dois grandes partidos afinaram as regras de um sistema de clientelismo muito minucioso e impuseram uma espécie de «cartel das elites» (Putnam, 1976, p. 119).

Portanto, de uma maneira geral é nos níveis superiores da elite dirigente que observamos a maior propensão para o compromisso político. Giuseppe Di Palma vai ao ponto de apresentar isto como «uma lei sociológica geral» e sugere que «o papel organizacional destes indivíduos tende a confrontá-los com os interesses dos diferentes grupos no seio da sociedade. A sua base política é mais heterogénea que a dos membros dos escalões inferiores da classe política. Desde logo, tendem a dar mais atenção às regras que têm por efeito moderar o espírito partidário, evidenciar a autonomia e a competência da elite e, assim, tornar possível ter em conta diferentes interesses em presença» (Di Palma, 1973, p. 15). No entanto, refiramos que esta interpretação pode muito bem combinar-se com a tese de uma conivência fundamentada na homogeneidade psicossocial.

AS ELITES E A DEMOCRACIA

Aos olhos de numerosos contemporâneos, a própria noção de elite parece opor-se à ideia de democracia e isso contribui para suscitar a desconfiança face a qualquer teoria das elites. É verdade que a democracia definida como «o governo do povo, para o povo e pelo povo», segundo a fórmula avançada pelo Presidente Lincoln na Declaração de Gettysburg, oferece pouco lugar para uma qualquer elite governamental. Mas vários autores – e sobretudo Joseph Schumpeter (1883-1950) – esforçaram-se por distinguir a democracia como ideal e a democracia como realidade institucional.

Joseph Aloïs Schumpeter
(Triesch, Morávia, 1883 – Salisbury, Connecticut, 1950)

Economista e sociólogo austríaco. Depois de estudos na Universidade de Viena, é por breve tempo ministro das finanças da jovem república austríaca (1919-1920). Depois dirige um Banco Vienense. De 1925 a 1937, é professor na Universidade de Bona. Antes da Segunda Guerra Mundial, emigra para os Estados Unidos e ensina na Universidade de Harvard. Sofreu a influência de Walras em economia, mas interessou-se muito pelos trabalhos de Marx, Weber e Sombart. A lógica económica do capitalismo parece-lhe fundamentada no lucro pela inovação, definida como uma nova combinação dos fatores de produção. Preocupou-se com o funcionamento das instituições democráticas e sobre este assunto desenvolveu uma teoria que se afasta das conceções clássicas.

Trabalhos principais *Theorie der Wirtschaftlichen Entwicklung* (1912), tr. fr. *Théorie de l'évolution économique* (1935); *Capitalism, Socialism and Democracy* (1942) tr. fr. *Capitalisme, socialisme et démocratie* (1951); *History of Economic Analysis* (1953) tr. fr. *Histoire de l'analyse économique* (1983).

A DEMOCRACIA COMO TÉCNICA INSTITUCIONAL

Para Schumpeter, existe uma forma democrática de governo que podemos assemelhar a uma «técnica institucional de gestão das decisões políticas». Esta é suposta chegar ao bem comum «encarregando o próprio povo de fazer pender o prato da balança elegendo indivíduos que se reunissem em seguida para cumprir a sua vontade» (Schumpeter, 1951, pp. 377-378). Esta concepção emergente da doutrina clássica elaborada no século XVIII implica, contudo, a existência de «um bem comum» identificável de maneira unívoca e que «uma vontade comum do povo» o possa concluir. Nestas condições, o funcionamento de instituições democráticas, à primeira vista, não parece incompatível com o princípio da delegação de poderes ou com a intervenção de elites beneficiando de aptidões particulares. Com efeito, tais «especialistas» podem agir com vista «à realização da vontade do povo, tal como um médico age com o fim de cumprir a vontade de um paciente que é de ser saudável» (*ibid.*, p. 378). Mas o próprio exemplo do médico e da relação médico-paciente sugere que as relações entre uma população e os seus representantes não se deixam reduzir a uma simples delegação de poderes. Primeiro, observa Schumpeter, não podemos esperar obter o assentimento geral sobre uma «entidade» qualificada de «bem comum» não tanto porque podemos «desejar outra coisa para além do bem comum» mas, sobretudo, porque «o bem comum deve significar necessariamente coisas diferentes para indivíduos e grupos diferentes». Depois, mesmo se um bem comum «aceite por todos» pudesse ser definido num plano muito geral, subsistiriam «divergências de opinião» sobre problemas de aplicação específicas. Por fim, na ausência de um bem comum, podendo ser estabelecido por deliberação racional, a «vontade geral» perde toda a realidade face aos conflitos de valores (*ibid.*, pp. 379-380).

Estas dificuldades, pensa Schumpeter, não devem conduzir-nos nem a rejeitar o ideal democrático nem a renunciar propor uma nova teoria da democracia. Em vez de procurar apoio numa «vontade geral», que apenas pode ter um significado metafórico, é necessário inverter a ordem dos componentes da ordem democrática e partir do processo eleitoral. Um regime democrático é então uma forma de governo onde o regulamento de «questões pendentes» está subordinado «à eleição dos homens encarregados de executar as vontades dos eleitores». Consequentemente, «o papel do povo consiste em fazer nascer um governo» e a

Uma teoria alternativa da democracia

A doutrina clássica subordina a escolha dos representantes ao objetivo primordial da organização democrática, que consistiria em investir o corpo eleitoral do poder de estatuir sobre os poderes políticos pendentes. Mas suponhamos que, invertendo a ordem destes elementos, subordinamos o regulamento pelo corpo eleitoral de questões pendentes na eleição dos homens encarregados de executar as vontades dos eleitores. Noutros termos, admitimos doravante que o papel do povo consiste em fazer nascer um governo ou, alternativamente, um organismo intermediário que, por sua vez, faz nascer um poder executivo nacional, isto é, um governo. E chegamos à nossa definição: o método democrático é o sistema institucional, culminando em decisões políticas, no qual os indivíduos adquirem o poder de estatuir sobre estas decisões no fim de uma luta concorrencial assentando nos votos do povo.

Joseph Schumpeter, *Capitalisme, socialisme et démocratie*, trad. fr. Paris, Payot, 1951, p. 403 (1.ª ed. americana, 1942).

democracia define-se como um sistema «culminando em decisões políticas, no qual os indivíduos adquirem o poder de estatuir sobre estas decisões no fim de uma luta concorrencial assentando nos votos do povo» (*ibid.*, p. 403). É este critério de luta concorrencial que permite fazer coexistir elites e democracia. Não encontramos em nenhuma parte governo «pelo povo»; quaisquer que sejam a época ou o regime, as funções governamentais são assumidas por uma minoria que se distingue da massa da população. Mas é razoável qualificar de democráticos os regimes organizados de forma a permitirem a concorrência pacífica das elites com vista ao exercício do poder. E é quando as tradições, os hábitos adquiridos e os mecanismos institucionais garantem uma concorrência que, não sendo demasiado imperfeita, podemos sem contradição nos termos falar de elites democráticas. Para Schumpeter existe, portanto, equivalência entre democracia e pluralismo político (Busino, 1988c, p. 103). Esta conceção da democracia fundamentada em «livres candidaturas que competem por votos livres» (Schumpeter, 1951, p. 405) não poderia iludir a questão dos tipos de candidaturas que se submetem à seleção eleitoral. No fim de contas, na verdade, são as características da elite governamental que disso dependem.

Uma das condições do sucesso do modo de seleção pluralista parece ser a existência de uma espécie de viveiro de candidatos promissores: «a existência de um "estrato" social formado por um processo de seleção severo, cujos elementos se orientam naturalmente para a política» (*ibid.*, p. 395). Nesta conceção, é pois uma certa aliança de seleção e de competição que assegura medianamente a viabilidade do sistema. Em conformidade com o princípio das «aristocracias abertas», tão caro a Tocqueville, uma tal categoria de recrutamento não deveria ser «nem demasiado exclusiva nem demasiado acolhedora para com os recém-chegados» (*ibid.*, p. 395). Os processos eleitorais não operam uma seleção no conjunto da população, mas apenas entre os indivíduos que manifestam a sua disponibilidade e que aceitam submeter-se ao veredicto popular. Desde logo, como referiu Pareto, certos indivíduos possuindo inegáveis aptidões para governar não têm necessariamente as aptidões requeridas para afrontar vitoriosamente o processo eleitoral. Uma espécie de antisseleção pode assim produzir-se: «o processo democrático arrisca-se facilmente a criar no setor político condições que, uma vez estabelecidas, afastarão a maior parte dos homens capazes de ter sucesso numa outra profissão» (*ibid.*, p. 395). Para Schumpeter, um juízo subtil é emitido a este respeito: «As qualidades de inteligência e de caráter que fazem um bom candidato não são, forçosamente, as que fazem um bom administrador». Dito isto, podemos considerar que o «sucesso político» indica um certo domínio da «direção dos homens». De outra forma, a aptidão para conquistar uma posição política eminente é o indício de uma certa «energia pessoal» que pode prestar «serviços» (*ibid.*, pp. 392-393).

Isto pareceria indicar, contrariamente a preconceitos expandidos, que os regimes baseados na competição eleitoral conseguem dotar-se de elites políticas que não são melhores nem piores do que aquelas que são reveladas noutros regimes. Contudo, demos a observar a este respeito que a rivalidade das categorias dirigentes comporta o risco permanente de «desintegração do consenso social». A competição das elites dirigentes talvez ofereça garantias ao cidadão, mas não lhe dá nem a impressão de poder influenciar o curso dos acontecimentos nem mesmo um sentimento de liberdade. É por isso que alguns comentadores julgam demasiado minimalista a definição da democracia proposta por Schumpeter. Para Peter Bachrach, esta redução da democracia a um «método político» implica uma avaliação do caráter democrático de um sistema político em função dos benefícios que dela retira «o indivíduo comum». Os interesses políticos deste último concebem-se unicamente em termos de vantagens oferecidas pelo sistema em termos de segurança, serviços, apoio material, etc. A definição dos interesses políticos, assim sugerida, é «unidimensional»; negligencia uma outra dimensão evidenciada pelos clássicos, a saber, que a participação em tomadas de decisão de natureza política é uma fonte de desenvolvimento e de enriquecimento para o cidadão, (Bachrach, 1967, p. 95). Schumpeter teria sem dúvida recusado esta objeção que lhe teria parecido depender do pensamento utópico, mas Raymond Aron foi sensível ao perigo que comporta, para a ordem democrática, «a impotência ressentida pelo grande número». Ela pareceu-lhe favorecer o sucesso de uma «mitologia das elites soberanas e clandestinas» muito tenaz (Aron, 1960, p. 278).

A PRECARIEDADE DAS ELITES DEMOCRÁTICAS

Um outro autor que fez assentar a sua reflexão sobre as relações entre as elites e a democracia foi Karl Mannheim (1893-1947). Como Schumpeter, constata o afastamento entre a doutrina clássica da democracia e a realidade empírica dos regimes que qualificamos de democráticos. Não podemos escapar aos processos de delegação de poderes e às suas consequências: a existência de elites controlando as alavancas de comando é inevitável. Este facto continua compatível com o ideal democrático se estas elites, de uma maneira ou de outra, forem regularmente intimidadas a «prestar contas» ao eleitor. Mannheim insere a sua reflexão numa perspetiva histórica de longo prazo. Ao longo dos séculos, as mudanças produziram-se nos princípios de seleção das elites. Três princípios gerais sucederam-se: a seleção com base no sangue, com base na propriedade e com base na performance (*achievement*). A sociedade aristocrática, principalmente depois da sua estabilização, escolhia as suas elites pelo princípio do sangue. A sociedade burguesa juntou-lhe, gradualmente, o princípio da propriedade ou da riqueza. Este princípio revelou-se igualmente aplicável às elites intelectuais, na medida em que a possibilidade de estudar estava mais ou menos reservada aos filhos das categorias sociais favorecidas. O princípio da performance – ou do mérito – aliou-se muito cedo aos outros princípios, mas tornou-se o critério decisivo de sucesso social onde a democracia é vigorosa. A sociedade democrática moderna é uma maquinaria seletiva que combina os três princípios. «As suas elites são constituídas por uma mistura de homens e mulheres que atingiram a sua posição em virtude de um dos três princípios ou de vários deles» (Mannheim, 1940, pp. 89-90).

Qualquer que seja o juízo que tenhamos de um ponto de vista de justiça social, acrescenta Mannheim, devemos reconhecer que estes três princípios oferecem alianças bastante felizes de critérios restritivos, conservadores, e de critérios dinâmicos, progressistas, sendo o elemento dinâmico a seleção pela performance ou pelo mérito. Se a seleção estivesse exclusivamente fundamentada na performance, a sucessão das elites tornar-se-ia demasiado rápida e far-se-ia em detrimento da continuidade social que exige «um alargamento lento e gradual da influência dos grupos dominantes» (ibid., p. 91). Por outro lado, seria um erro pensar que a civilização ocidental evoluiu de maneira linear. De culturas regionais para conjuntos culturais nacionais, primeiro, e internacionais, em seguida. O humanismo secular que sucedeu ao humanismo cristão adquiriu na verdade a forma de um movimento cultural internacional. Mas a reação pós-revolucionária e o movimento romântico geraram uma renovação do regionalismo e do localismo. Desde então, a seleção das elites oscila entre a tendência para o provincianismo e a abertura para a comunidade internacional (ibid., pp. 92-96).

Para Mannheim, a história revela-nos a existência de um duplo processo evolutivo que foi igualmente observado por outros autores: uma tendência fundamental para a democratização da vida política e uma tendência, igualmente marcada, para a diversificação do corpo social. Há democratização porque as categorias da população que precedentemente não tinham desempenhado um papel puramente passivo nos negócios públicos tomam parte na vida política. Isto tem como consequência um crescimento do volume das elites em relação ao resto da população. Ulteriormente, Kaare Svalastoga redescobriria esta tendência por vias puramente dedutivas (Svalastoga, 1969, p. 14). A diversificação do corpo social gera uma multiplicação de elites com vocação específica: políticas, organizacionais, intelectuais, artísticas, morais e religiosas (Mannheim, 1940, pp. 82-83).

A crescente diversidade das elites provoca um enfraquecimento do poder de cada elite em particular. Num primeiro tempo, «a variedade é frutuosa» mas, para além de um certo ponto, a variedade dá lugar a uma situação difusa onde diferentes elites se neutralizam umas às outras (ibid., p. 86). Outros fatores desempenham igualmente um papel. A perda do caráter exclusivo das elites é um destes fatores. O caráter «aberto» da «sociedade democrática de massa» priva as elites do mínimo caráter exclusivo que elas necessitam para forjar modelos e exercer uma influência real, como por exemplo em matéria de gastos e opções. Daí resulta um estado de indecisão e uma falta de *leadership*. Esta «falta geral de direção» oferece possibilidades às minorias organizadas, indiferentes às contrariedades legais de uma ordem democrática que encontram pouca resistência onde as elites já não estão à altura de conduzir a opinião (ibid., pp. 87-88).

Esta dupla tendência observada por Mannheim – democratização e diversificação – insere-se na sucessão de três tipos de ordem social correspondendo a três etapas históricas: uma solidariedade difusa que Mannheim qualifica de «solidariedade da horda», um estado de intensificação da competição individual e, por fim, uma situação de interdependência entre grupos com preocupações distintas (ibid., p. 68). A tarefa de promover as regulações sociais eficazes é da incumbência das elites. No entanto, as sociedades democráticas liberais estão bloqueadas na segunda etapa do desenvolvimento histórico, dominada por um espírito de competição individual muito vivo; também a vida destas sociedades de massa de tipo liberal é caracterizada pelo enfraquecimento das regulações sociais. Pelo contrário, nas sociedades de massa com caráter autoritário é o peso das instituições que domina a ordem social de forma esmagadora (ibid., p. 81).

Mas são as sociedades pluralistas – as sociedades de tipo liberal – cujo futuro preocupava Mannheim. Este interrogava-se sobre as possibilidades da sua reorganização. No contexto da escalada dos regimes ditatoriais e da Segunda Guerra Mundial, o problema das sociedades modernas – que se tornavam sociedades de massa – é a seu ver o de encontrar um meio-termo entre o liberalismo fundado no «deixa fazer» e os regimes autoritários ou totalitários. A reorganização da sociedade implica que possamos apelar às elites a fim de ajustar uma ordem social planificada evitando os extremos da anarquia liberal e da organização ditatorial. Influenciado pelos conceitos weberianos, Mannheim está consciente do facto de que qualquer forma de planificação implica uma extensão da racionalidade burocrática a novos domínios da vida. E isto coloca o problema do controlo democrático da burocracia. Mas, segundo ele, é preciso evitar sobrestimar a estabilidade das elites nas sociedades pluralistas modernas, assim como a sua capacidade de se subtrair ao julgamento da opinião pública, tanto mais que elas se enfraquecem mutuamente. As elites políticas e organizacionais têm por função principal integrar programas diversos num consenso aceitável. As elites intelectuais, artísticas e religiosas trazem um elemento de reflexão indispensável a qualquer ordem social; elas são produtoras de sentido. Um certo equilíbrio do sistema social está assegurado quando existe convergência de influências exercidas pelas diferentes elites. Quando não é este o caso, encontramo-nos numa situação de crise endémica. Mannheim coloca as suas esperanças nas elites intelectuais, nas quais ressurge a tarefa de ultrapassar os interesses categoriais e de criar as condições de equilíbrio social. Na verdade, os intelectuais parecem-lhe aqueles cujo conhecimento é menos influenciado por uma perspetiva de classe; é o que o leva a recorrer à noção de inteligência livre dos atilhos sociais ou *freischwebende Intelligenz* de Alfred Weber (Mannheim, 1936, pp. 136-140).

A DEMOCRATIZAÇÃO DA CULTURA E O PAPEL DAS ELITES

Os fatores de enfraquecimento da posição das elites parecem empurrar para o pessimismo. No ensaio intitulado *Demokratisierung des Geistes* (1933), um dos últimos textos escritos por Mannheim antes que o advento do nazismo o expulsasse da Alemanha e que seria reproduzido ulteriormente sob o título *The Democratization of Culture* (Mannheim, 1956b, pp. 171-246), encontramos no entanto a visão de um antídoto para o pessimismo cultural a partir da noção de elites com disposição para reconciliar a esperança de democratização da cultura com a ideia de excelência. A forte tendência para a democratização não se observa apenas na política, mas também na vida cultural e intelectual. Nas primeiras fases da democratização, as decisões de caráter político eram tomadas pelas elites económicas e intelectuais, mais ou menos homogéneas. Antes da introdução do sufrágio universal, as massas não tinham nenhuma possibilidade de exercer qualquer influência sobre as políticas governamentais. Os que detinham o poder estavam familiarizados, há muito tempo, com os problemas de governo e tinham uma conceção realista do leque das possibilidades, desconfiando dos planos utópicos. A irrupção das massas na cena política geraria uma rutura da homogeneidade da elite de governo. Indivíduos e grupos ainda pouco familiarizados com as realidades políticas viram ser-lhes confiados cargos de governação. Desde logo as elites estabelecidas, cujas conceções políticas estavam orientadas para o ordenamento prudente da realidade, foram confrontadas com elites concorrentes que não possuíam a mesma experiência de longa data dos assuntos políticos e «cujo pensamento político ainda estava no estádio utópico» (*ibid.*, p. 172*)*. Daí resulta uma modificação dos processos de tomada de decisão e dos modos de seleção da elite governamental.

Mas, para além destes mecanismos de funcionamento das instituições, são duas conceções de elite fundamentalmente diferentes e datando de diferentes épocas que se afrontam. Nas culturas pré-democráticas de tipo aristocrático ou monocrático, a característica sociocultural essencial é «a distância vertical entre dominantes e dominados» (*ibid.*, p. 210). A distância vertical obtida pelos meios materiais ou simbólicos é o «princípio constitutivo» que assegura a existência e a perenidade dos diferentes grupos em presença. Quando as primeiras tendências democráticas se manifestaram no final da Idade Média e se concretizaram na «democracia urbana», os diferentes modos de expressão artística e cultural apresentavam marcas de «desdistanciação» evidenciando a perspetiva da vida quotidiana (*ibid.*, p. 220). Com altos e baixos, estas tendências prolongaram-se até à época moderna para chegar a uma «negação radical da distância», simultaneamente nas relações sociais e no domínio da cultura (*ibid.*, p. 225). Uma conceção da cultura de componente aristocrática, fundamentada num ideal humanista, opõem-se no entanto a uma conceção mais democrática e estas duas conceções são típicas das elites diferentes que estão presentes. O ideal humanista está ancorado em valores da antiguidade clássica e visa o favorecimento da expansão do «homem honesto» na vasta cultura e nos múltiplos interesses. É o ideal de grupos dominantes que dispõem de vagar para se dedicarem a ocupações culturalmente enriquecedoras, mas também para se dedicarem aos assuntos políticos. Pelo contrário, o indivíduo médio que tem de trabalhar para viver está votado à especialização. O ideal cultural democrático está orientado para a atividade profissional. A cultura adquire-se nas atividades cuja finalidade última é de ordem prática. Nesta nova perspetiva, a «cultura política» adquire-se mais pela participação em atividades concretas de ganhos políticos do que pela familiaridade com as doutrinas (*ibid.*, pp. 230-235). Existe, igualmente, um ideal de «aperfeiçoamento» democrático visando ultrapassar o estreito horizonte de uma especialização profissional, mas o desejo de se cultivar encontra a sua origem nas preocupações da vida quotidiana, profissional ou não. A conceção «da cultura pela cultura» está muito pouco em harmonia com o ideal democrático.

Estas conceções divergentes encontram o seu reflexo na vida política. No mundo pré-democrático, a política não é uma atividade especializada. A vida parlamentar da época censitária fica, na verdade, para amadores que não fazem da política uma profissão, mas que têm o vagar e os meios para se lhe dedicarem. Os discursos, então, apelam à erudição e a princípios filosóficos gerais; visam obter a adesão de colegas que estão atentos aos argumentos e que têm toda a liberdade para tomar decisões conscientes, em função de escolhas razoáveis. A luta política ainda não é o reflexo de interesses económicos de massa. Quando isso acontecer, aparecerá o especialista destas e daquelas questões que será também um político profissional. Segundo Mannheim, é assim que a interação entre elites políticas estabelecidas há muito tempo e elites políticas ascendentes pode, sob certas condições, ter efeitos benéficos para o funcionamento democrático das instituições. O trabalho das comissões adquire, então, mais importância que as sessões plenárias que tendem a aparecer cada vez mais como um teatro despido de significado real e que contribuem mais para desconsiderar a instituição parlamentar. Nos diversos lugares de discussão e de confronto de opiniões, os diferentes pontos de vista são apresentados de forma documentada. Isto constitui uma excelente escola para os novos políticos saídos da base. Estes começam muitas vezes a sua carreira política como representantes de interesses setoriais, mas podem elevar-se, pouco a pouco, até ao nível dos homens de Estado responsáveis, tendo o sentimento de compromisso e do interesse geral. Mas com esta evolução acabam por ficar expostos às acusações de traição dos interesses da sua base política (*ibid.*, pp. 236-237). Todavia, ela representa um ganho para a democracia.

CAPÍTULO 3

AS ELITES COMO GRUPOS
DE INFLUÊNCIA

Qualquer que seja o diagnóstico que se faça do grau de homogeneidade ou de diversidade da elite dirigente, é sempre possível distinguir frações mais ou menos autónomas desta elite. Neste capítulo, optaremos pelo plural e postularemos a existência de elites distintas exercendo influências em sentidos diversos sobre a massa da população. É quando adotamos este ponto de partida que somos de novo confrontados com noções rivais de excelência e preeminência. Elites em competição, em concorrência ou em oposição justificam a sua posição preeminente por uma pretensão a uma ou outra forma de excelência, baseando-se em princípios legitimadores diferentes. Evidentemente, quando existe a diversidade das legitimações apenas podemos esperar tentativas de desqualificação das legitimações concorrentes.

ELITES PRODUTIVAS E NÃO PRODUTIVAS

Acontece que a dicotomia «dominantes – dominados» adquire a forma de oposição entre produtores e não produtores. Haveria uma elite estabelecida, parasitária, e uma elite não reconhecida como tal, mas apresentando no entanto numerosos títulos de excelência. O antepassado desta forma de ver é Claude-Henri de Saint-Simon (1760-1825), precursor da sociologia e teórico do industrialismo, cuja obra Émile Durkheim analisou em detalhe (1922) e a quem Pierre-Jean Simon consagrou algumas belas páginas (Simon, 1991, pp. 191-206). Para Saint-Simon, o que subsiste das elites dirigentes do Antigo Regime, no início do século XIX, tornou-se um conglomerado de categorias parasitárias desprovidas de qualquer espírito de empresa. Na verdade, trata-se de camadas sociais em situação preeminente desde a Restauração, mas a excelência à qual podem pretender apenas assenta em atividades não produtivas: a preocupação em levar uma existência «distinta» era a sua razão de ser. Face a esta classe de ociosos, encontramos uma «classe industrial» que seria mais correto qualificar de classe industriosa. São os verdadeiros «produtores» ou criadores que contribuem com as suas atividades para enriquecer o património nacional. São os trabalhadores da agricultura, do comércio e da indústria, mas também os sábios, artistas e homens de letras. Vemos que aqui a noção de atividade produtiva é largamente concebida.

A PARÁBOLA DAS ABELHAS E DOS ZÂNGÃOS

Para ilustrar esta oposição entre produtores e não produtores, Saint-Simon propôs a parábola das abelhas e dos zângãos, surgida em 1819; os zângãos são as categorias ociosas, os proprietários-rendeiros. As abelhas são os verdadeiros produtores sem os quais a nação não poderia subsistir. Suponhamos, escreve Saint-Simon, que a França perde subitamente os seus três mil «primeiros sábios, artistas e artesãos de França». Semelhante perda seria catastrófica para o país porque são «os Franceses essencialmente mais produtores». Pelo contrário, prossegue Saint-Simon, «suponhamos que a França conserva todos os homens de génio que possui nas ciências, nas belas-artes, nas artes e ofícios», mas que tem a infelicidade de perder, no mesmo dia, todos os príncipes e princesas da família real, como também uma série de importantes personagens dos diversos domínios. Esta perda de trinta mil indivíduos, considerados como os mais importantes do Estado, só afligiria os Franceses «numa relação puramente sentimental porque daí não resultaria nenhum mal político para o Estado» (Saint-Simon, 1819, 1966, pp. 17-21). Na enumeração das «abelhas», encontramos a prefiguração da ordem de excelência proposta mais tarde por Pareto, tal como vimos no capítulo 1: «os cinquenta primeiros físicos, os cinquenta primeiros químicos, etc.». Todavia trata-se de uma ordem de excelência nas atividades que se prestam arduamente à fraudulenta atribuição de «etiquetas» de pertença a uma elite (Pareto, 1916, § 2035). Saint-Simon enumera então categorias que cumprem as tarefas indispensáveis à prosperidade económica e ao progresso científico. Aos seus olhos, é a verdadeira elite do país. Quanto aos zângãos, Saint-Simon não sonha de modo algum em atribuir-lhes uma «pontuação de excelência». Trata-se de homens e de mulheres que adquiriram uma posição preeminente na sociedade ou que a herdaram (os príncipes e as princesas). Sem dúvida que é injusto classificá-los de ociosos, mas a sua excelência – se é que existe excelência – manifesta-se em domínios de atividade que pouco servem para a prosperidade do país. Este desdém pelas atividades não diretamente produtivas ou criadoras concilia-se muito bem com a conceção de Saint-Simon, de acordo com a qual «o governo dos homens» está votado a ser substituído progressivamente pela «administração das coisas». Na época, as conceções de Saint-Simon eram apenas partilhadas por uma pequena minoria dos seus contemporâneos. Todavia, exerceram uma grande influência sobre a política de expansão económica do Segundo Império (Clifford-Vaughan, 1960, p. 319). Ulteriormente, as ideias saint-simonianas ilustradas pela parábola das abelhas e dos zângãos tiveram prolongamentos em duas direções que, por outro lado, não são completamente estranhas uma à outra, na medida em que opõem, igualmente, elites «úteis» obtendo a sua legitimidade de uma atividade produtora ou criadora, a elites «parasitárias», cuja preeminência assenta num estatuto adquirido há muito tempo. A primeira destas orientações é a que liga a noção de elite à noção de lazer!

A TEORIA DA CLASSE DOS TEMPOS LIVRES

Tal como se define a burguesia, na ótica marxista, como sendo a classe que prospera pelo lucro da mais-valia gerada pela ativi-

A parábola das abelhas e dos zângãos

Suponhamos que a França perde subitamente os seus cinquenta melhores físicos, os seus cinquenta melhores químicos, os seus cinquenta melhores fisiologistas, os seus cinquenta melhores matemáticos, os seus cinquenta melhores poetas, os seus cinquenta melhores pintores, os seus cinquenta melhores escultores, os seus cinquenta melhores músicos, os seus cinquenta melhores literatos; os seus cinquenta melhores mecânicos, os seus cinquenta melhores engenheiros civis e militares, os seus cinquenta melhores arquitetos, os seus cinquenta melhores médicos, os seus cinquenta melhores cirurgiões, os seus cinquenta melhores farmacêuticos, os seus cinquenta melhores marinheiros, os seus cinquenta melhores relojoeiros; os seus cinquenta melhores banqueiros, os seus duzentos melhores negociantes, os seus seiscentos melhores lavradores, os seus cinquenta melhores forjadores, os seus cinquenta melhores fabricantes de armas, os seus cinquenta melhores tanoeiros, os seus cinquenta melhores tintureiros, os seus cinquenta melhores mineiros, os seus cinquenta melhores fabricantes de panos, os seus cinquenta melhores fabricantes de algodão, os seus cinquenta melhores fabricantes de seda, os seus cinquenta melhores fabricantes de tela, os seus cinquenta melhores fabricantes de quinquilharia, os seus cinquenta melhores fabricantes de faiança e porcelana, os seus cinquenta melhores fabricantes de cristais e vidraria, os seus cinquenta melhores armadores, as suas cinquenta melhores casas de rolamentos, os seus cinquenta melhores impressores, os seus cinquenta melhores gravadores, os seus cinquenta melhores ourives e outros trabalhadores de metais; os seus cinquenta melhores pedreiros, os seus cinquenta melhores carpinteiros, os seus cinquenta melhores marceneiros, os seus cinquenta melhores marechais, os seus cinquenta melhores serralhareiros, os seus cinquenta melhores cutileiros, os seus cinquenta melhores fundidores e as cem outras pessoas de diversos estados não designadas, os mais capazes nas ciências, nas belas-artes e nas artes e ofícios, o que equivale no total aos três mil melhores sábios, artistas e artesãos de França.

Como estes homens são os franceses essencialmente mais produtores, os que dão os produtos mais importantes à nação e que a tornam produtiva nas ciências, nas belas-artes e nas artes e ofícios, são na realidade a flor da sociedade francesa; são de todos os franceses os mais úteis ao seu país, aqueles que para ela procuram glória, que mais aceleram a sua civilização tal como a sua prosperidade. A nação tornar-se-ia um corpo sem alma no momento em que os perdesse; cairia imediatamente num estado de inferioridade perante as nações de que presentemente é rival e continuaria a ser subalterna delas enquanto não reparasse esta perda e enquanto não levantasse a cabeça. Seria necessário à França pelo menos uma geração inteira para reparar esta infelicidade, porque os homens que se distinguem nos trabalhos de utilidade positiva são verdadeiras anomalias e a natureza não é pródiga em anomalias, sobretudo desta espécie.

Passemos a uma outra suposição. Admitamos que a França conserva todos os homens geniais que possui nas ciências, nas belas-artes e nas artes e ofícios, mas que tem a infelicidade de, no mesmo dia, perder o Senhor, irmão do Rei, o Monsenhor Duque de Angoulême, Monsenhor Duque de Berry, Monsenhor Duque de Orleães, Monsenhor duque de Bourbon, a Senhora duquesa de Angoulême, a Senhora duquesa de Berry, a Senhora duquesa de Orleães, a Senhora duquesa de Bourbon e a Menina de Condé. Que perde, ao mesmo tempo, todos os oficiais da coroa, todos os ministros de Estado (com ou sem departamentos), todos os conselheiros de Estado, todos os referendários, todos os seus marechais, todos os seus cardeais, arcebispos, bispos, grandes vigários e cónegos, todos os prefeitos e subprefeitos, todos os empregados dos ministérios, todos os juízes e, para além disto, os dez mil proprietários mais ricos entre aqueles que vivem nobremente.

Este acidente iria afligir certamente os franceses pois são bons e não saberiam encarar com indiferença o súbito desaparecimento de um tão grande número de compatriotas. Mas esta perda de trinta mil indivíduos, tidos como os mais importantes do Estado, não lhes causaria qualquer desgosto para além de uma situação puramente sentimental, porque daí não resultaria nenhum mal político para o Estado.

Claude-Henri de Saint-Simon, «L'Organisateur, in Oeuvres de Saint-Simon publicadas pelos membros do Conselho instituído por Enfantin. Quarto volume, Paris, Dentu, 1869, pp. 17-21
(Nova edição, Paris, Anthropos, tomo II, 1966).

dade produtora, é possível descrever qualquer elite dirigente como uma classe que consolida o seu poder graças a um excesso de tempo livre criado pela atividade dos outros. Esta conceção cristaliza-se na «teoria da classe dos tempos livres» que devemos a Thorstein Veblen (1857-1929). Este sociólogo americano caracteriza a elite do seu tempo como uma «classe de tempos livres» (Veblen, 1899). O estatuto adquirido e a riqueza acumulada permite-lhe levar uma existência não produtiva. Um meio social constituído por famílias de capitalistas é um meio onde o trabalho é considerado como degradante. Como nos círculos aristocráticos, a preocupação em preservar o seu estatuto social requer uma vida de tempos livres. As atividades mais apreciadas são aquelas que estão longe das atividades utilitárias, como os jogos ou o desporto amador; e tais prioridades manifestam-se até na escolha dos estudos, que serão tanto mais prestigiosos quanto não sejam orientados prioritariamente para as necessidades do mercado de emprego. Quando as pessoas vivem do produto do seu trabalho – em particular nas categorias inferiores da população –, um certo «orgulho de emulação» é-lhes oferecido por uma reputação de eficácia no trabalho. Pelo contrário, nas classes superiores a emulação é de ordem puramente «pecuniária» A riqueza e o poder devem ser colocados em evidência.

Logo, são os hábitos de consumo que caracterizam a elite, quer se tratem de hábitos alimentares ou de modas de vestuário. Neste contexto, os modelos de consumo são orientados para o consumo ostensivo porque, antes de tudo, têm uma função de distinção social ou, para adotar a conceptualização mertoniana, uma função *latente* de distinção social (Merton, 1968, pp. 123-124). Daqui resulta uma mentalidade que tem efeitos até nas tendências demográficas: limita-se o número de filhos para conservar o máximo de recursos para o consumo. Mas atividades de lazer orientadas para a distinção têm igualmente uma função de integração da elite dirigente. Como Charles Wright Mills deu a observar no prefácio que fez ao livro de Veblen, «são uma forma de assegurar a coordenação das decisões entre os diferentes elementos e segmentos da classe superior» (Mills *in* Veblen, 1953, p. XVI). Foi aliás o que incitou Mills a conceder uma certa importância ao sentimento de conivência entre os diferentes setores da elite, contribuindo para fazer dela apenas uma única «elite de poder».

DO INDUSTRIALISMO À IDEOLOGIA TECNOCRÁTICA

A teoria «da classe dos tempos livres» prolonga as conceções de Saint-Simon a propósito das elites ociosas ou não produtivas. Uma outra corrente de pensamento que pode invocar as suas teorias é «o industrialismo» que corresponde a um dos aspetos mais importantes das doutrinas de Saint-Simon – sendo a outra o socialismo – e que deu uma base intelectual aos adeptos da ideologia tecnocrática. Nesta perspetiva, que se prolonga em Comte e Cournot, a política está votada a transformar-se numa «ciência positiva»; enquanto as «capacidades» irão substituir os «poderes» e a «direção» o «comando» (Saint-Simon, 1966, p. 86 e pp. 150-151). No século XX, entre as duas guerras, irá expandir-se a ideia de que se opera uma dissociação do capitalismo financeiro e da inteligência técnica. Nos Estados Unidos irá criar-se o grupo dos «tecnocratas» de quem Howard Scott se fez o porta-voz (1933). Este propunha-se dar aos engenheiros a consciência de classe que lhes fazia falta para tomarem em mãos as alavancas do comando da economia. Paralelamente à reflexão sobre a evolução do capitalismo, desenvolveu-se um movimento de requestionamento do regime parlamentar. No decorrer dos anos de 1930, esta dupla evolução teve muitas vezes uma coloração fascinante. Em França, sob o regime de Vichy, foram feitos esforços sob «os temas do antiparlamentarismo, do anticapitalismo e do anticoletivismo» para constituir «uma elite técnica no seio do aparelho de Estado» (Birnbaum, 1978, p. 84). Depois da Segunda Guerra Mundial, num contexto económico profundamente modificado, viram-se reaparecer conceções «organizadoras» visando subordinar as opções políticas aos «imperativos da técnica». Típica desta orientação de espírito – e de época – é um pequeno livro de Louis Armand e Michel Drancourt, *Plaidoyer pour l'avenir* (1961). Segundo os seus autores, o político «não deve ter de demonstrar, pela aplicação de ideologias, as obrigações que decorrem de verdadeiros teoremas» (*op. cit.*, p. 25). Nessa época, Jean-Marie Domenach declarou reencontrar na obra de Armand e Drancourt «o hino à produção [...] velha canção que nos chega deste século XIX que se pretende abolir» (Domenach, 1961*a*) e concluiu com uma «alegação em favor da política» fazendo notar, de passagem, que o otimismo técnico *é* uma ideologia (Domenach, 1961*b*). A persistência de uma ideologia tecnocrática teve um duplo efeito em França. Contribuiu para reforçar «a coesão dos altos funcionários em relação aos políticos tradicionais». Mas, de igual modo, «reaproximou os dirigentes do setor privado e os do aparelho de Estado» (Birnbaum, 1978, pp. 86-87).

A oposição entre produtores e não produtores, evidenciada por Saint-Simon, tende a identificar a excelência com um aporte produtivo ou criativo e a confundir qualquer critério de preeminência com as «etiquetas» fraudulentamente adquiridas de que fala Pareto. Na ótica tecnocrática, a competência técnica identifica-se com o dinamismo e a criatividade, enquanto o mandato político confere um estatuto ambíguo difícil de justificar em termos simples. Este primado concedido à técnica contém, no entanto, o risco evidente de negligenciar o problema das regulações sociais que não se deixa reduzir a organização ou administração.

AS TEORIAS DA «NOVA CLASSE» TECNOBUROCRÁTICA

Para os teóricos das elites, é a presença de uma característica particular – dinamismo, sentido de organização, vontade de poder, devoção a uma ordem de valores – que assegura a vocação de um grupo, ou de uma categoria social, para aceder ao estatuto de classe dirigente. Durante todo o século XIX, esta classe dirigente parece poder ser recrutada entre os notáveis da época. Na verdade, o funcionamento do estado moderno cria um processo de burocratização que parece ir a par da estabilização de um poder de tipo legal-racional. Mas, geralmente, considera-se que a formação geral de «homem honesto» é suficiente para dominar os problemas que se colocam e impor uma vontade política ao corpo de funcionários públicos. Quanto aos que contestam a ordem estabelecida, numa perspetiva de luta de classes, parece-lhes evidente que surgirão das suas fileiras de elites democráticas aptas para substituírem o regime dos notáveis. Nos anos 1930 e 1940, dois novos elementos vieram abalar a confiança nas possibilidades de controlo democrático pelos «amadores esclarecidos» agindo por delegação do corpo eleitoral. Nos países de tradição liberal democrática, à medida que as funções atribuídas ao Estado se multiplicam, as tomadas de decisão parecem exigir cada vez mais competências técnicas. Simultaneamente, os regimes totalitários organizam instrumentos de planificação que subtraem completamente grandes opções a qualquer forma de debate público.

BURNHAM E A «REVOLUÇÃO EMPRESARIAL»

Neste contexto histórico nasce uma corrente de pensamento crítico da dominação da «técnica» e da emergência de uma «nova classe» com vocação dirigente. O representante mais célebre desta orientação teórica e ideológica é James Burnham (1905-1987), cuja obra *The Managerial Revolution* (1941) conheceu nessa época uma grande ressonância. Originariamente, Burnham é trotskista e dirige a revista *New International*. Dos debates em curso nos meios trotskistas, conservará a ideia de que uma nova classe está em gestação na URSS e que o absolutismo estalinista está ligado à burocratização do regime soviético, sem no entanto fazer a distinção nítida entre um poder fundamentado na competência técnica e um poder saído da tomada em mãos do aparelho político. É a prefiguração da tese de Milovan Djilas sobre a constituição de uma «nova classe» nos regimes de tipo soviético (1957). Burnham deve muito a Bruno Rizzi, mas provavelmente não tanto como pensava Pierre Naville (Naville, 1950). Rizzi previa a ascensão de uma nova classe dirigente para a qual a procura de benefício capitalista deixa de ser a motivação principal (Rizzi, 1939). Burnham vai mais longe, num contexto de generalização do intervencionismo em matéria económica; não hesita em afirmar, com efeito, que uma camada tecnoburocrática está desde já no comando da economia e que detém o poder real. Como apoio desta tomada de posição, cita um inquérito efetuado nos Estados Unidos por Adolf Berle e Gardiner Means nos anos de 1930, segundo o qual 65 % das maiores empresas industriais americanas estavam controladas, de facto senão por direito, pelos seus diretores e gerentes (Berle e Means, 1936). Burnham avança então com uma tese que se situa na interação da teoria das elites e da teoria da luta de classes. Encara muito claramente a formação de uma elite empresarial composta pelos *gestores* da economia privada, das administrações públicas e das organizações sindicais, dos engenheiros, dos peritos, dos planificadores e dos técnicos de elevado nível (Burnham, 1947, pp. 126-127). Mas se o regime capitalista lhe parece moribundo, nada permite, segundo ele, supor que é uma sociedade socialista igualitária que lhe sucederá. «Milhões de pessoas preconizam hoje no mundo a tomada de posse pelo Estado dos instrumentos de produção». No entanto, prossegue, o resultado «não será a liberdade e a ausência de classes, nem mesmo o bem-estar material universal, mas uma nova forma de exploração da sociedade por uma classe» (*ibid.*). Para Rizzi, para além da «sociedade burocrática» cuja «necessidade histórica» apenas podia ser constatada, a esperança de uma sociedade sem classes continuava a perfilar-se no horizonte da história (Rizzi, 1939). Com Burnham, a utopia da sociedade igualitária pós-tecnocrática esvanece-se completamente. Encontramo-nos perante uma teoria da convergência sem título, mas sem o otimismo técnico dos anos do pós-guerra: nos regimes pluralistas como nos Estados totalitários, o poder passa, de facto, entre as mãos de uma nova classe dirigente. Burnham conserva contudo da teoria marxista a ideia de que é o controlo dos meios de produção que assegura o poder real (Burnham, 1947, p. 155). Por isso, segundo ele, os *gestores* suplantarão finalmente os burocratas políticos que apenas poderão subordinar-se a eles *(ibid.)*. Nos anos que se seguiriam, criticou-se Burnham por ter apresentado a sua tese de forma demasiado esquemática e por só ter substituído, de forma simplista, a classe operária revolucionária da vulgata marxista pelos tecnocratas (Fougeyrollas, 1950, pp. 31-32). Não deixa de ser verdade que os argumentos de Burnham foram objeto de numerosos debates. O dirigente socialista Léon Blum aceitou prefaciar a tradução francesa de *The Managerial Revolution* e declarou que este livro o havia levado a pôr à prova um certo número de ideias que tinha por adquiridas (Blum, 1947, p. XXI). Para Blum, no entanto, a tecnocracia apenas podia ser um regime de transição para o socialismo.

A CRÍTICA DE GEORGES GURVITCH

Com a habitual rudeza de tom, Georges Gurvitch não hesitou em qualificar Burnham de «hábil propagandista que tinha adaptado as ideias fascistas e nazis à psicologia do Americano médio» (Gurvitch, 1963, tomo II, p. 440). A tese do poder empresarial parece-lhe, no entanto, merecer a sua atenção e consagrou-lhe vários textos importantes. Contra a visão otimista saint-simoniana, segundo a qual o governo dos homens era chamado a ser substituído pela «administração das coisas», Gurvitch julga que é o inverso que se produziu durante a primeira metade do século XX: «Todos nós pudemos observar que o governo dos homens se tornava um sucedâneo da possessão de poderosos meios de produção e da capacidade de os manipular» (1963, tomo II, p. 432). Isto leva-o a ter em atenção diversos grupos «de especialistas, detentores de segredos teóricos, dos enigmas técnicos todo-poderosos, de competências sem par e possuindo, de facto, um poder de decisão e por vezes até de direito» *(ibid.)*. Porém, nos anos de 1950 e 1960, raciocina-se mais facilmente em termos de classes do que em termos de elites e Gurvitch questiona-se se «os grupos tecnoburocráticos» podem «estruturar-se em classe independente», tendo em conta o facto «que sempre serviram outras classes» anteriormente. Segundo ele, o aparecimento destes grupos «está ligado à constituição do capitalismo organizado e, mais largamente, das sociedades dirigistas e planificadoras» (*ibid.*, p. 433). Para Gurvitch, a constituição dos grupos tecnoburocráticos em classe dirigente «conduz, sob o capitalismo organizado, às diferentes formas de fascismo»; estes grupos podem igualmente ganhar importância nos regimes «estadistas coletivistas» correspondendo «à primeira etapa da estrutura global comunista» (*ibid.*, pp. 433-434). A questão preocupa-o suficientemente para que adapte em consequência a sua tipologia das sociedades globais (1963, tomo I, p. 506; 1967, tomo I, p. 218).

AS TEORIAS EMPRESARIAIS MODERNAS

Muito mais tarde, John Scott (1990) – de quem reproduzimos o que se segue – fará de novo o ponto das teorias empresariais. A este respeito, distingue uma teoria empresarial clássica, muito próximo de Berle e Means, e daquelas versões simplificadas que derivam diretamente de Burnham. A posição clássica parte do princípio de que a sociedade por ações representa o fim da classe capitalista e a emergência da nova classe de *gestores*. Esta inovação jurídica gera uma dissolução do direito de propriedade tradicional, onde o direito «passivo» do acionista de receber um rendimento sob forma de dividendo se separa do direito «ativo» de controlo pela direção da própria empresa. Além disso, com o aumento do tamanho das empresas, a dispersão das ações torna-se tal que o acionista individual é efetivamente eliminado de qualquer participação no controlo real da empresa.

O PAPEL DO ACIONARIADO INSTITUCIONAL

Versões mais recentes da teoria empresarial implicam uma modificação deste tipo de argumentação, tornada necessária pelas mudanças na estrutura do acionariado que se produziram desde os anos 1930. Cada vez mais frequentemente, importantes números de ações foram transferidas de indivíduos para instituições financeiras tais como bancos, companhias de seguros ou fundos de pensões. Assistiu-se a uma inversão da tendência para a dispersão das ações, que estava no centro da argumentação de Berle e Means. Pelo contrário, o acionariado concentrou-se cada vez mais. Este crescimento do acionariado institucional não estava previsto por Burnham e não desempenha grande papel no pensamento de Berle e Means; as suas implicações para o poder, no domínio dos negócios, foram objeto de numerosas controvérsias. Mostrámos que as instituições financeiras em questão colocaram, efetivamente, sob constrangimento a autonomia dos *gestores*. Os *gestores* modernos não podem ignorar os interesses dos acionistas. Os acionistas importantes já não são os indivíduos isolados e por vezes carecem de competências necessárias ao controlo da ação dos *gestores*: pelo contrário, são instituições importantes, podendo mobilizar as competências indispensáveis ao controlo da gestão das empresas. Portanto, o que é característico da economia moderna já não é a gestão em via de autonomização mas, pelo contrário, é a gestão controlada de perto por potentes acionistas institucionais, isto é, pela influência real de interesses que são interesses capitalistas, mesmo quando tomam uma ou outra das formas de outrora. Uma outra versão da teoria empresarial contesta que se possa pura e simplesmente assimilar os interesses acionistas institucionais a interesses capitalistas. Nesta perspetiva, pelo contrário, o aumento em poder das instituições financeiras constituiria, verdadeiramente, o fim do capitalismo enquanto expressão de interesses de classe. Com efeito, longe de serem os instrumentos de uma renovação do capitalismo, estas instituições seriam instrumentos de controlo. Operariam no interesse da massa da população que lhes fornece os capitais. As companhias de seguros devem contar com os interesses daqueles que asseguram; os fundos de pensões tendem a adotar o ponto de vista dos atuais e futuros reformados. Esta visão harmoniosa de instituições que agiriam pura e simplesmente no interesse daqueles que lhes trazem capitais presta-se bastante à discussão. Quaisquer que sejam os objetivos dos acionistas institucionais, podemos pensar que apenas reproduzem a distinção entre aqueles que os gerem. A diferença mais importante poderia, desde logo, situar-se noutro lugar. Em razão da natureza coletiva dos interesses em jogo, a intervenção dos poderes públicos tende a ser mais forte no caso das instituições. Na verdade, os seus *gestores* estão efetivamente sob «constrangimento», mas por outras razões que não uma pretensa identidade de interesses com a massa da população. Vemos assim reaparecer uma linha de tensão entre elites políticas e elites económicas.

AS TEORIAS EMPRESARIAIS E O MARXISMO

A maior parte dos teóricos marxistas rejeitou a «revolução gestorial» e continuou fiel à ideia de que a propriedade dos meios de produção continua decisiva. Contudo, alguns marxistas aceitaram a ideia da substituição dos empresários capitalistas por uma nova elite empresarial. Mas, paradoxalmente, viram aí um reforço das relações de produção capitalistas. Outros, pelo contrário, pretenderam que as mudanças na composição da classe capitalista produziram uma pequena elite de capitalistas financeiros que dominam a economia na atualidade. Numa versão marxista da teoria empresarial admite-se, sem problemas, que o capitalismo familiar desapareceu das grandes empresas modernas. No entanto, não se vê aí uma evolução conduzindo a uma saída do capitalismo. Pelo contrário, os *gestores* são constrangidos a usar o seu poder para fazer funcionar o sistema capitalista de maneira eficaz na época do capitalismo dos monopólios. Uma classe de acionistas afortunados pode subsistir mas não participa, de forma alguma, no exercício do poder no seio das grandes empresas. A teoria do «capitalismo financeiro» continua a inspirar-se nos princípios do marxismo clássico, mas acentua muito mais o ambiente da empresa capitalista. Nesta ótica, a empresa moderna está ancorada numa densa rede de relações financeiras. As empresas deixaram há muito tempo de ser os centros autónomos de tomada de decisão, que tornavam os atores claramente identificáveis no mercado, e tornaram-se elementos de um sistema global de capitalismo financeiro. A indústria e a banca inserem-se cada vez mais num sistema de monopólios e estes dois setores de atividade estão estreitamente ligados um ao outro no seio de grandes grupos financeiros. É a rivalidade e o conflito entre os grupos financeiros que determina a evolução económica geral.

O sistema animado pelo capitalismo financeiro é dirigido por uma oligarquia saída de grupos rivais que chega, medianamente, a introduzir neles um certo grau de coordenação. Esta elite económica pilota a vida dos negócios no interesse de uma classe capitalista vista no seu conjunto. Existe uma teoria do controlo bancário que deriva da teoria do capitalismo financeiro. Os teóricos do controlo bancário estimam que os bancos procedam como centros de controlo do capitalismo financeiro e que sejam eles a dominar, no final de contas, a indústria. A economia moderna seria então dominada por uma restrita elite de banqueiros que controlaria os negócios de todas as grandes empresas. A esta visão das coisas opõe-se por vezes a ideia de que as próprias bancas continuem submetidas ao controlo de capitalistas individuais mantendo uma tradição familiar. Os mecanismos do capitalismo familiar teriam assim sido mais transformados do que desmantelados.

PARA ALÉM DO MARXISMO CLÁSSICO: A ELITE DAS EMPRESAS

O conflito do marxismo e das teorias empresariais suscitou teorias que cada vez mais se afastam do marxismo clássico. Primeiro existe a teoria da *hegemonia financeira*. Esta teoria admite a simbiose do setor bancário e da indústria, e reconhece a posição central dos bancos no fluxo dos capitais. As grandes instituições financeiras dominam os fluxos de capitais, mas não exercem o controlo direto sobre a gestão de empresas dependentes. Todavia, para o controlo coletivo das disponibilidades de capital, têm a possibilidade de determinar as condições gerais no quadro das quais as empresas devem formular as suas estratégias. Podem então exercer um poder incontestável sem intervenção direta. Enredos de direções permitem, desde logo, identificar um círculo restrito de diretores em posições-chave, mas mostram, igualmente, a unidade e a coesão da classe capitalista da qual saíram. A teoria da *constelação de interesses*, desenvolvida por John Scott, converge em grande parte com a teoria da hegemonia financeira mas, apesar de tudo, interessa-se pelo controlo efetivo das empresas consideradas separadamente. O desenvolvimento do acionariado interfirmas produziu um sistema unificado de capitalismo financeiro, mas criou igualmente um setor dominante de empresas cuja propriedade está completamente despersonalizada. Deste modo, encontramo-nos perante uma situação que não depende nem do «controlo bancário» nem do «controlo empresarial», mas que procede de uma forma de controlo por uma «constelação de interesses». Um pequeno número de acionistas institucionais possui pacotes de ações permitindo intervenções na gestão de numerosas grandes empresas, mas não têm a necessária coesão para formar um grupo que vise a totalidade do controlo ativo. Apenas formam uma constelação de interesses financeiros diversos que só têm uma fraca capacidade de ação concertada, salvo em circunstâncias excecionais. Os acionistas principais chegam a cooperar para definir a composição do conselho de administração, mas é difícil ir mais longe na cooperação. Em tal situação, o conselho de administração e a direção de uma empresa não são simples executantes ao serviço dos interesses dos acionistas dominantes, mas também não dispõem de autonomia completa perante as exigências que emanam dos acionistas. De tudo isto resultou uma teoria dos *grupos financeiros* que dá menos importância decisional aos representantes do capital institucional. As empresas industriais, tal como os bancos e as companhias de seguros, detêm ações, mas tendem a conservar estas ações por sua própria conta em vez de lhes assegurar a gestão por outros. Estas participações constituem-se em grupos de interesses solidamente estruturados, no seio dos quais os interesses industriais e os interesses financeiros se entrecruzam. Estes diversos avanços teóricos constituem um progresso, tanto em relação à teoria empresarial como em relação à visão marxista tradicional. Somos assim conduzidos a falar da elite das empresas ou *corporate elite*, tendo em atenção a categoria dos diretores gerais e quadros superiores das grandes empresas. Para evidenciar configurações de direções articuladas umas com as outras (*interlocking directorships*), as técnicas da análise de redes revelaram-se muito úteis (Scott, 1990, p. XV).

AS ELITES E A SUA CAPACIDADE DE INFLUÊNCIA

Se queremos ultrapassar o modelo sumário de «a classe dominante», há espaço para nos interrogarmos sobre a capacidade de influência de cada elite em particular ou de cada segmento da elite. A este propósito, Robert Dahl adverte contra vários erros de juízo incitando, segundo ele, a concluir com demasiada facilidade que existe uma classe dominante homogénea (Dahl, 1990). Primeiro, Dahl convida-nos a não confundir um potencial de influência com uma real capacidade de influência. Suponhamos, escreve ele, que um conjunto de indivíduos influentes tem uma opinião semelhante sobre um problema a resolver. Suponhamos, igualmente, que estão à altura de fazer prevalecer a sua opinião, desde que ajam de maneira concertada. Estes indivíduos constituem potencialmente um grupo influente e potente. Mas falta ainda unirem os seus esforços para que o seu potencial de influência se atualize com sucesso. Numa sociedade moderna complexa, não é duvidoso que existam numerosos grupos deste género. Assim, numa dada coletividade, podemos imaginar que influentes homens de negócios unidos aos dirigentes dos partidos políticos mais importantes dispõem conjuntamente de um elevado potencial de influência. É ainda necessário que desejem unir os seus esforços e que se organizem para o fazer. O potencial de influência não é, portanto, idêntico à influência real (Dahl, 1990, p. 63). Os militares americanos, apesar de possibilidades objetivas, parecem pouco preocupados em organizar-se para monopolizar o poder executivo no seu país. Não se exclui que alguns deles por vezes não sonhem com um aventureiro golpe de estado. Mas nenhuma das condições existe para que tais veleidades se transformem em ação real. Um grupo pode ter um potencial de influência elevado mas uma fraca propensão para a unidade de ação. A capacidade de influência real, conclui Dahl, é função não apenas do potencial de influência, mas também do potencial de unidade e de ação coordenada. Um outro erro possível, segundo Dahl, consiste em tirar conclusões precoces da desigual capacidade de influência dos diferentes grupos sociais. Que a capacidade de influência seja inegavelmente repartida não permite concluir que existe «uma classe dirigente» tendo a qualquer momento e a qualquer propósito uma capacidade de influência que se exerce sempre no mesmo sentido (*ibid.*). O jogo das influências e das possibilidades de ação pode ser muito flutuante. Por fim, um terceiro erro a evitar consiste em generalizar abusivamente a partir de uma forma de influência e de um domínio de influência. Nada permite pensar, julga Dahl, que uma elevada influência num domínio gera o mesmo grau de influência em outros domínios (*ibid.*, pp. 63-64).

Estas considerações levam Dahl a mostrar-se crítico a propósito de Mills, que lhe parece subestimar a diversidade dos grupos influentes, e a concluir, imprudentemente na sua opinião, que existe uma camada dirigente que defende uma hierarquia de interesses única e claramente identificável. Para ele, a capacidade de influência dos diferentes grupos só pode ser um problema de investigação empírica. É preciso, em primeiro lugar, definir estes grupos com uma precisão operatória. Em seguida, é necessário raciocinar sobre uma série de estudos de caso que permitam estabelecer a vontade que prevaleceu em cada caso. Só a descoberta de um desvio sistemático, orientando sempre as decisões no sentido dos mesmos interesses, sugeriria a existência de uma classe dirigente à altura de fazer prevalecer o seu ponto de vista contra todos os outros. Na ausência de uma tal coerência, empiricamente constatada, devemos ater-nos à constatação de elites tão diversificadas quanto pode sê-lo uma sociedade moderna.

A DIFUSÃO DAS INOVAÇÕES

Uma forma de apreciar a capacidade de influência de uma qualquer elite é examinando o papel que ela tem de desempenhar na difusão de uma inovação, quer esta seja de ordem material ou de ordem sociocultural. Sabemos que o fenómeno de difusão das inovações é um processo coletivo de tipo «epidemiológico», que se representa por uma curva logística em forma de S (Mendras e Forsé, 1983, cap. 3). É, aliás, a aparência desta curva que permite concluir que o fenómeno é coletivo e não se reduz a uma sucessão de decisões individuais sem influência no contexto social. Se fosse este o caso, a curva reduzir-se-ia a uma reta de inclinação variável; nenhum mecanismo de influência difusa do meio viria suscitar curvaturas que transformassem a reta em curva logística. O processo de difusão representado pela curva coloca em cena categorias de atores com características diferentes (ver o esquema).

Os «pioneiros» são os primeiros a adotar a inovação entre T_0 e T_1. Em seguida, os «inovadores» concentram-se entre T_1 e T_2, exercendo influência à sua volta; podemos dizer que «fazem escola». Seguem-se então uma «maioridade precoce» entre T_2 e T_3, uma «maioridade tardia» entre T_3 e T_4, e, por fim, os «retardatários». Como referem Mendras e Forsé, «para o observador, tudo é decidido em T_2» (*ibid.*, pp. 75-77). Portanto, são os «inovadores» que desempenham um papel decisivo na matéria.

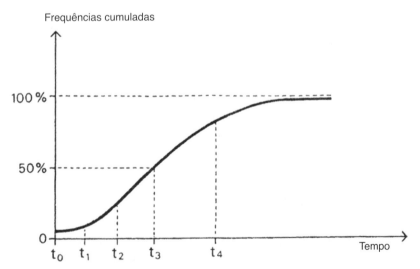

Fonte: Henri Mendras e Michel Forsé, *Le Changement social*, Paris, Armand Colin, 1983, p. 75.

Esquema 1 – *Processo de difusão de uma inovação*

Quem são eles? A acumulação de investigações empíricas a este respeito permite concluir que têm um estatuto social elevado, diferente dos «pioneiros», que são «de um nível social mais próximo da média». O seu estatuto confere-lhes um papel de guias de opinião e estão à altura para legitimar a inovação aos olhos dos seus concidadãos (*ibid.*, pp. 78-79). A distância social entre a minoria dos «inovadores» e a massa chamada a seguir-lhe as pisadas é uma variável de crucial importância. Uma certa distância confere a respeitabilidade que assegura a influência, mas uma distância demasiado grande desencorajaria a imitação. Nas sociedades de tipo tradicional, são os «notáveis» que se perfilam como «inovadores» potenciais. Nas sociedades modernas diversificadas, encontramos uma das partes da dupla definição paretiana: trata-se de elites múltiplas que exercem a sua influência em domínios muito diversos. No entanto, um estudo de Katz e de Lazarsfeld (1964), sobre os mecanismos da escolha, permitiu distinguir diferentes redes de influência, sobretudo para as «compras domésticas», para «a moda ao nível do vestuário» e para «os assuntos cívicos e políticos». Para estes últimos, o estatuto social e o grau de participação social são critérios de influência decisivos (Mendras e Forsé, 1983, p. 83).

CONFLITO, COMPETIÇÃO, COLIGAÇÕES: A POLIARQUIA

Numa sociedade moderna complexa, a elite dirigente é diversificada e comporta grupos que defendem interesses específicos. Assim, as elites económicas e as elites políticas têm desafios diferentes e invocam legitimidades particulares. Todavia, na gestão corrente mantêm relações muito estreitas. Logo, uma mudança notável que afete uma destas duas elites só pode ter efeitos em retorno sobre a outra.

O CASO DA FRANÇA

Em 1981, em França, a vitória eleitoral da esquerda gerou uma renovação do pessoal político. Os investigadores interrogaram-se sobre as consequências que esta renovação podia gerar nas estratégias do mundo patronal (Bauer, 1985). Uma mudança desta ordem pode «estar na origem de uma redefinição, parcial ou total, das alianças e coligações que estruturam as elites no poder». E é uma redefinição que aparece primeiro como a consequência mais provável. Contudo, não podemos excluir «que uma tal mudança não possa coexistir com a reprodução e/ou a consolidação das dinâmicas sociais anteriores» (*ibid.*, p. 263). Como refere Bauer, os factos mostraram que era necessário abandonar a conceptualização simplista «de uma classe dirigente estruturada por uma elite económica considerada homogénea» e de uma «elite política que defenderia ou colocaria em causa as prerrogativas dos detentores do poder económico» (*ibid.*, p. 269). Os dirigentes do patronato e os responsáveis políticos têm – uns e outros, mas de forma diferente – que agir num campo de tensões entre «conservação» e «transformação» da ordem social. E de uma e outra parte, os «modernizadores» opõe-se aos «conservadores», porque esta oposição tanto está no seio do mundo patronal como na classe política (*ibid.*, pp. 265-266). Em 1981-1982, a classe dirigente parecia profunda e duradouramente dividida. Contudo, por detrás de uma fachada de confrontos maniqueístas, movimentos em sentidos diferentes manifestaram-se em cada um dos campos em presença. «Algumas alianças desfazem-se. Formam-se novas coligações. Novas clivagens estruturam, pouco a pouco, as elites dirigentes do país» (*ibid.*, pp. 267-268). Com algum recuo, apercebemo-nos de um contraste entre a situação dos anos de 1980 e aquela do início dos anos de 1970; este contraste parece o indício de uma transformação «da dinâmica das relações sociais». Concretamente, certos impulsos para a mudança deixam de ser provocados pelas reivindicações das classes inferiores mas, pelo contrário, são propagadas a partir da elite no poder. No que se refere às resistências à mudança, elas são menos próprias de uma elite estabelecida resistente a uma contestação vinda de baixo do que camadas sociais inferiores esforçando-se por defender as suas aquisições. Além dos efeitos da crise económica, podemos ver nesta evolução o resultado do «acesso a postos de influência, até mesmo de poder», de homens que antes estariam mais do lado contestatário e que vêm reforçar as ações emanadas dos meios dirigentes (*ibid*. p. 306).

Segundo Birnbaum, com a vitória da esquerda, em 1981, produziram-se mudanças no recrutamento das elites políticas. Para retomar os termos de Bourdieu e Passeron (1964), a proporção de «bolseiros» entre o pessoal político aumentou em detrimento dos «herdeiros», mesmo quando se trata de diplomados pelas grandes escolas. Os altos funcionários saídos da ENA* ficaram ao lado de «novatos» com outra formação, sobretudo formados em estudos literários. Os professores do secundário ou do superior também reforçaram a sua presença. Como refere Birnbaum, devemos admitir que «não são sempre os mesmos que governam» e seria excessivo dizer que «*enarcas*** rosas» substituiriam simplesmente os «*enarcas* de outrora» (Birnbaum, 1985, p. 307). Aliás, os clássicos teóricos das elites nunca pretenderam que sejam sempre os mesmos a estar no poder. Pelo contrário, sugeriram que uma nova elite, confrontada com constrangimentos estruturais, acaba sempre por adotar comportamentos semelhantes aos da elite que desapossou. Na conjuntura política estudada por Birnbaum, o novo pessoal político está nitidamente mais marcado pelo empenho político ou sindical. A composição dos gabinetes ministeriais é característica neste ponto. Aí, continuamos a encontrar inúmeros funcionários saídos dos Grandes Corpos, mas também membros das profissões liberais e pessoas saídas do mundo sindical e associativo. Isto é, os representantes de meios que até então tinham ficado «à margem do poder político», elevaram-se até «um nível muito alto, senão o mais importante do poder» (*ibid.*, p. 308). No entanto, se a amplitude de certas mudanças é bem real, a permanência da lógica de Estado e da sua influência continua igualmente nítida. Não podemos dizer que as características dos recém-chegados aos círculos do poder se traduzam por novos comportamentos ou novas formas de conceber os seus papéis. É mais o inverso que parece produzir-se: o novo pessoal político parece estar conformado com os modelos de comportamento que as instituições lhes oferecem.

---

* Acrónimo de **École Nationale d'Administration** (*N. T.*).

** Do francês *énarque*, nome dado a um antigo aluno ou a um aluno da ENA, termo que surgiu em 1967 pela pena de Jean-Pierre Chevènement (*N. T.*).

Os membros dos gabinetes ministeriais depressa foram conquistados por uma conceção tecnocrática do «serviço público» e apelam de bom grado mais a argumentos de ordem técnica do que às considerações políticas ou ideológicas. Os recém-chegados depressa se identificam com os interesses e pontos de vista da sua administração, e têm tendência para fazê-los prevalecer sobre as afinidades políticas. Tudo se passou como se «a força das instituições, o caráter decisivo do funcionamento da estrutura de estado» tivesse limitado consideravelmente «o peso do acontecimento», contudo não negligenciável, que constituiu «a mudança da maioria política». De modo mais geral, a nova maioria não subverteu os quadros da alta função pública. Nada houve que se assemelhasse ao *spoil system*: o sistema dos despojos à maneira americana (*ibid.*, p. 309). As mudanças na elite política não geraram uma modificação dos papéis políticos e administrativos. Nem uma lógica partidária, nem os valores políticos, de forma mais geral, no final de contas, foram determinantes na ação das novas elites. Estas, confrontadas com os pesos institucionais, introduziram-se nos papéis pré-formados (*ibid.*, pp. 310-311).

O CASO DA GRÃ-BRETANHA

A lógica de estado, que pesa nos comportamentos dos indivíduos e dos grupos, mergulha as suas raízes na história. Segundo Stanworth e Giddens (1974), a evolução da configuração das elites na Grã-Bretanha apenas se compreende no último plano do desenvolvimento da indústria no século XIX. De todos os países europeus, a Grã-Bretanha foi a primeira a seguir a via da industrialização. No entanto, o empresário ou o dirigente de empresa não tinha um estatuto particular como tal. Deste ponto de vista, a evolução social britânica distingue-se de dois casos extremos entre os quais está situada. Não se criou aí uma «ética dos negócios», onde o sucesso nos negócios confere um prestígio particular, como por exemplo nos Estados Unidos. Também não encontrámos aí uma situação em que a nova elite industrial seja mantida afastada por uma elite tradicional que fundamenta a sua influência na propriedade fundiária. Na Grã-Bretanha, pelo contrário, assistiu-se a um processo de adaptação recíproca entre as elites estabelecidas e as elites emergentes, do qual não se encontra exemplo noutros países. Este processo adaptativo foi possibilitado pelo processo de socialização oferecido pelo sistema das *public schools*, posteriormente em conjunção com os estudos seguidos em Oxford ou em Cambridge: a formação «Oxbridge» (Stanworth e Giddens, 1974, p. 99). A persistência dos títulos aristocráticos não é só uma sobrevivência da ordem antiga; foi um potente meio de integração social. Se compararmos a situação britânica com a dos Estados Unidos, constatamos que neste último país se desenvolveu uma «aristocracia dos negócios», enquanto na Grã-Bretanha se produzia uma dupla evolução: os homens de negócios eram enobrecidos, enquanto os nobres se tornavam homens de negócios. Nos termos dos nossos autores, «Britain made both gentlemen of businessmen... and businessmen of gentlemen» (*ibid.*, pp. 99-100). Apesar das tensões que cresceram entre os dois grupos, encontramos, no início do século XX, na Grã-Bretanha, uma elite unificada e firmemente estabelecida (*ibid.*, p. 100). Pode tratar-se de uma elite unificada por aí encontrarmos uma elite económica cuja origem e formação não diferem, significativamente, das elites políticas, administrativas ou religiosas. Após a Segunda Guerra Mundial, operou-se uma certa diversificação, sem que se possa verificar o índice de uma transformação significativa (*ibid.*, p. 101).

A NOÇÃO DE POLIARQUIA

Quaisquer que sejam as relações entre elites em presença, propusemos qualificar os regimes pluralistas de poliarquias, mais do que de democracias. Esta noção inscreve-se num esquema de classificação proposto por Robert Dahl (Dahl, 1971, pp. 5-16). Esta classificação dos regimes políticos – e do papel das elites políticas correspondentes – está fundamentada em duas dimensões distintas: a contestação e a participação. Estas duas noções que são independentes uma da outra, mesmo que aconteça coincidirem, definem um espaço com duas dimensões (ver esquema 2).

Fonte: Robert Dahl, *Polyarchy. Participation and Opposition*, New Haven, Yale University Press, 1971, p. 6.

Esquema 2 – *Duas dimensões teóricas da democratização*

A emergência de possibilidades de contestação de um regime não é idêntica ao alargamento de possibilidades de participação nos processos institucionais definidos por este regime: são efetivamente dois aspetos diferentes que se concretizam por processos diferentes. Os movimentos nos dois eixos «contestação» e «participação» definem porções de um espaço a duas dimensões que são ocupadas por regimes diferentes (ver esquema 3).

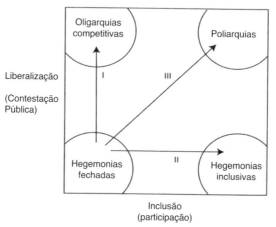

Fonte: Robert Dahl, *Polyarchy, op cit.*, p. 7.

Esquema 3 – *Liberalização, inclusão e democratização*

108

O regime situado no canto inferior esquerdo do quadro não tem nenhuma possibilidade de participação nem de contestação. É o que Dahl classifica de hegemonia fechada (*closed hegemony*). Se o regime se liberaliza e tolera cada vez mais formas de contestação pública, deslocamo-nos pelo caminho I para chegar, no canto superior esquerdo, a uma situação onde várias oligarquias se encontram em competição; encontramo-nos em presença de oligarquias competitivas (*competitive oligarchies*). Se a hegemonia fechada alarga a sua base e se abre a uma maior participação, mas sem aumento das possibilidades de contestação, deslocamo-nos então para a direita sobre o eixo horizontal, ao longo do caminho II, para chegar a uma hegemonia mais aberta, hegemonia que classificamos de inclusiva (*inclusive hegemony*). Toda a mudança que, em simultâneo, tem um aumento de participação e um aumento das possibilidades de contestação deve ser considerada como implicando um determinado grau de democratização; pode ser representada por uma deslocação diagonal, ao longo do caminho III, para chegar ao canto superior direito. Seríamos então tentados a reservar esta porção de espaço para a democracia. No entanto, Dahl prefere utilizar o termo poliarquia (*polyarchy*) porque, segundo ele, «o mundo está completamente democratizado» (Dahl, 1971, p. 8). Subjacente a esta distinção terminológica, encontramos uma conceção comparável à de Joseph Schumpeter ou à de Raymond Aron, segundo a qual o ideal de democracia se traduz, empiricamente, por regimes ou elites que se encontram em competição pelo poder. Dahl explica-se a este propósito. Observando que alguns leitores certamente resistirão à ideia de utilizar o termo «poliarquia» em lugar e espaço de «democracia», considera importante «manter a distinção entre a democracia como sistema ideal e os arranjos institucionais que vieram a ser considerados como uma espécie de aproximação imperfeita deste ideal, como demonstra a experiência» (*ibid.*, p. 9).

A FORMAÇÃO DE «COMPLEXOS DOMINANTES»

Acontece que as elites heterogéneas, que operam em domínios de atividade diferentes, formam uma aliança relativamente estável e criam, deste modo, um «complexo dominante. O grau de coesão de tal complexo não é suficiente para se poder falar dele como de uma classe dominante ou de uma classe dirigente. Escalas de valores diferentes, hierarquias de preocupações diferentes, mantêm a especificidade destas elites mas, por vezes, um interesse comum junta-as de maneira muito forte. Foi o que Charles Wright Mills acreditou poder verificar, de certo modo, nos Estados Unidos a propósito do exército, da economia e da administração, como vimos no capítulo precedente. Na fase da história dos Estados Unidos estudada por Mills, a elite do poder tem todos os traços de um «complexo dominante» relativamente estável. Mas Mills não vai tratá-la em termos de classes, salvo para dizer que a elite do poder tem consciência de si própria e que lhe podemos emprestar o equivalente a uma consciência de classe.

De um modo que se presta muito menos a discussões atualmente, a existência de um «complexo dominante» caracterizou durante muito tempo o regime comunista na União Soviética. Uma «fórmula política» que englobava um conjunto de prescrições ideológicas, relativas à organização da vida económica, conferia ao Partido Comunista um papel dirigente. Um aparente monolitismo era assim mantido pela adesão formal à ideologia de Estado (Coenen-Huther, 2000, pp. 136-137). Daí resultou a teoria trotskista do surgimento de uma nova classe de caráter burocrático. No entanto, quando a «fórmula política» soviética perdeu a sua credibilidade, perfilaram-se três segmentos da elite dirigente, de certeza estreitamente imbricados, contudo distintos: o Partido Comunista da União Soviética, o KGB e o complexo militar-industrial (Albats, 1995, pp. 261-262). Em março de 1990, quando foi revogado o artigo 6 da Constituição soviética que legitimava o papel dirigente do partido, o apagamento institucional do PCUS como poder federador fez-se em proveito de outros elementos da oligarquia dominante: os responsáveis pelos órgãos de segurança e os dirigentes de importantes setores do aparelho económico (*ibid.*, pp. 264). Divergências de interesses bem reais e hierarquias de preocupações diferentes surgiram de forma muito nítida e, por vezes, extremamente brutal. A luta de influências entre os diversos segmentos autonomizados da antiga camada dirigente ainda não terminou nem na Rússia nem nas outras repúblicas da ex-URSS. Foi preciso primeiro o abanão do regime soviético, seguido do esboroamento, para que se reforçasse a visão paretiana da diversidade das camadas dirigentes – inspirada na «diversidade de múltiplos grupos sociais» (Pareto, 1916 § 2025) – em vez da conceção de um monolitismo totalitário, que fez desaparecer por completo a especificidade dos diferentes segmentos da elite.

Vários autores acreditaram ter descoberto em França, num contexto político e institucional completamente diferente – um regime pluralista aberto à livre competição das elites –, a gradual emergência de um «complexo dominante» que seria o produto de um sistema de formação reunindo os candidatos a postos de alto gabarito na administração pública e os futuros quadros superiores do setor privado. Fez-se notar muitas vezes que as Grandes Escolas, em particular a Escola Politécnica e a Escola Nacional de Administração, «desempenham um papel fundamental na formação de uma grande parte da classe dirigente francesa» (Birnbaum, *et al.*, 1978, p. 125). Estas instituições formam «uma fração cada vez mais importante das elites administrativas, políticas e económicas do país», como testemunha «o considerável lugar ocupado na classe dirigente francesa pelos membros dos grandes corpos de Estado [...] a inspeção das Finanças, o Conselho de Estado e o Tribunal de Contas, para os corpos que recrutam à saída da ENA, o Corpo das Minas e o Corpo das Pontes e Calçadas à saída da Escola Politécnica» (Bauer e Bertin-Mourot, 1997, p. 48). Daqui resulta que uma proporção não negligenciável de quadros superiores do setor público e do setor privado foi marcada por experiências socializadoras comuns, assegurando «uma visão uniforme do mundo, uma grande competência e o sentido aguçado de uma eficácia [que se crê] politicamente neutra» (Birnbaum, 1977, p. 61). Isto assegura uma «estreita ligação entre o mundo dos negócios e o pessoal superior do aparelho de Estado» e «um verdadeiro intercâmbio de algumas frações do espaço dirigente» (Birnbaum *et al.*, 1978, p. 81). Apesar das alterações de maioria política por vezes espetaculares, o que era verdadeiro há um quarto de século continua verdadeiro atualmente: os grandes corpos do Estado continuam a ser «viveiros privilegiados de dirigentes de empresas» e os fenómenos de migração para o setor privado têm uma estabilidade tal que se pode qualificar a ENA de «verdadeira *business school*» (Bauer e Bertin-Mourot, 1997, p. 52). A homogeneidade da formação e a interpenetração das carreiras no setor privado e no setor público parece ter uma dupla consequência. Por um lado, asseguram uma adesão à ordem social existente (Suleiman, 1978, 1979, p. 89). Por outro, transformam pouco a pouco a noção de «serviço público», submetendo-a a um imperativo de «competência técnica» que, em certos aspetos, não deixa de lembrar a ideologia tecnocrática nascida nos anos 1930 e ressurgida após a Segunda Guerra Mundial (Birnbaum *et al.*, 1978, pp. 84-85).

O elitismo republicano

No nosso modelo de elitismo republicano, os verdadeiros viveiros que produzem os mais altos funcionários do Estado, os responsáveis políticos mais vistos e os dirigentes de empresas mais importantes devem procurar-se entre os melhores alunos da X e da ENA [...] Dois dos quatro presidentes da V República francesa, a maioria dos primeiros-ministros das duas últimas décadas, a imensa maioria dos mais altos funcionários do país e mais de um terço dos dirigentes das nossas duzentas maiores empresas (metade dos dirigentes dos maiores bancos, mais de 40 % dos patrões das cinquenta maiores empresas industriais e dois terços entre as vinte maiores) saíram assim de viveiros que selecionam e formam, à volta de vinte cinco anos, menos de setenta pessoas por ano, ou seja, 0,01% de cada geração.

Assegurar a renovação de uma fração tão importante das nossas elites administrativas, políticas e económicas com um viveiro tão restrito e tão precoce assegura à França um recorde mundial que até hoje nunca foi igualado nos países desenvolvidos.

Michel Bauer e Bénédicte Bertin-Mourot, «La triple exception française. À propos de la formation des élites», *Esprit*, 1997, n.º 10, p. 50.

AS ELITES DO PODER E AS ELITES DA NOTORIEDADE

Se a excelência e a preeminência são as noções-chave que não param de voltar ao espírito quando se trata de elites, as formas de apreciar uma e outra são extremamente variadas, como já tivemos a ocasião de constatar. Por outro lado, os diferentes domínios da atividade são valorizados desigualmente. Durante mais de um século, as escalas de prestígio mantiveram-se relativamente estáveis, quer se tratasse de atividades de ordem intelectual, artística, lúdica ou desportiva. A capacidade de uma camada social privilegiada de fazer prevalecer os seus gostos e de conferir um caráter universal às suas preferências jamais era questionada. Esta capacidade era o índice claro da existência de uma classe social – a burguesia – que havia adquirido uma posição dominante em todos os domínios da vida. Claro que se poderia não aderir aos seus juízos de gosto – preferir o acordeão a instrumentos mais nobres – mas assim ficar-se-ia desqualificado enquanto guia de opinião.

O DESMEMBRAMENTO DAS ELITES TRADICIONAIS

Desde há umas dezenas de anos, a crescente influência dos média, principalmente audiovisuais, «contribuiu para baralhar as escalas de valores tradicionais» (Boudon e Bourricaud, 1982, p. 215). Fenómenos historicamente novos como o desenvolvimento das artes de massas ou os desportos de massas, repercutidos pelos média, suscitaram novas escalas de apreciação. Daí resultou o aparecimento de novas elites que de forma direta não são mais elites do poder mas sim, antes de tudo, elites da notoriedade. Estas elites da notoriedade impõem-se por meio de técnicas do vedetismo. Aqui pensamos, em primeiro ligar, nas vedetas dos espetáculos de variedades ou nas vedetas do desporto de competição. A excelência em domínios, outrora tidos como menores, confere-lhes um renome eclipsando grandemente o das elites mais tradicionais. É verdade, o poder que daí decorre é apenas um poder de fascinação. Mas esta enorme influência sobre largos setores de opinião tem efeitos de contágio bem reais. O vedetismo ganha setores que poderíamos considerar imunizados a este respeito e a fuga dos universitários para aquilo a que Raymond Boudon chama «o segundo mercado dos intelectuais» é um índice entre outros. «O universitário» escreve Boudon «sonha [...] em tornar-se o pensador, o guru, de quem todo o

Paris falará pelo menos durante alguns meses.» Cria-se assim um «sistema de vedetismo» que tende a criar «situações de tipo monopolístico.» Mas, acrescenta Boudon, «trata-se de um monopólio do prestígio e não de um tipo de monopólio incluindo o controlo dos recursos simbólicos e materiais». Daí resulta que os «mandarins» de outrora são substituídos por «gurus» (Boudon, 1979, p. 92). O poder de fascinação das elites da notoriedade assegura igualmente às vedetas do desporto e dos média um papel de modelo cultural que inquieta os educadores. De facto, aos olhos das novas gerações, «cantores com cachets estupefacientes, desportistas com salários mensais milionários» adquirem «o prestígio do dinheiro ganho rapidamente e sem diploma.» No lugar do sucesso escolar e das vias de classificação de promoção social, o sucesso das «estrelas de todas as categorias» faz sonhar e surge como «a via real», tanto do ponto de vista das gratificações simbólicas como das gratificações materiais (Roussel, 2001, pp. 63 e 95).

UMA NOVA REIVINDICAÇÃO DE LEGITIMIDADE

A competição das elites do poder e das elites da notoriedade, nos nossos dias, inscreve-se no quadro mais largo de um desmembramento geral das instituições estabelecidas. À legitimidade outrora oferecida pelo respeito de normas institucionais na esfera do político opõe-se, atualmente, uma nova reivindicação de legitimidade, assegurada pelo recurso direto à opinião pública, ao desprezo do equilíbrio tradicional dos poderes próprios dos regimes de democracia liberal. Podemos ver aí a realização da profecia tocquevilliana, segundo a qual as sociedades modernas estão votadas a sofrer de forma crescente o reino da opinião. Os média desempenham certamente um papel nesta evolução impondo, segundo a fórmula de Bourdieu, as regras do campo jornalístico a outros domínios de atividade. Mas o fenómeno não poderia ser reduzido a uma «mediatização» do espaço público. Grupos nascidos à margem das organizações e associações tradicionais compreenderam o proveito que poderiam tirar da publicidade assegurada pelos média, com a condição de que as suas ações adquiram um caráter espetacular. Criaram-se então alianças entre atores que compreenderam que o poder, atualmente, nasce da notoriedade. Um exemplo é fornecido pelo que Alain Minc, num estilo panfletário, qualifica de «Santa Aliança entre juízes e jornalistas» (Minc, 2002, p. 196). Despojada dos seus aspetos polémicos, a tese de Minc assenta na convergência de interesses entre juízes de instrução e jornalistas de investigação. Uns e outros alargam o seu espaço de liberdade servindo-se da caixa de ressonância mediática e alimentando-se, mutuamente, de factos que farão progredir o inquérito. O processo teve repercussões indiretas no plano legislativo, sobretudo no que se refere ao financiamento dos partidos políticos e dos gastos eleitorais. Em compensação, a consequência deplorável desta aliança de facto entre o poder judiciário e os média é submeter cada caso a exame ao «tribunal da opinião», mesmo antes que a instrução tenha sido levada a efeito. A presunção de inocência à qual qualquer arguido tem direito antes de uma eventual condenação torna-se, nestas condições, uma garantia derisória. Esta convergência de interesses entre juízes e jornalistas tem a sua lógica própria. Para continuar a beneficiar do apoio dos média e da proteção assim oferecida, o juiz de instrução apenas pode alimentar cada vez mais «a máquina mediática». Para continuar a beneficiar da colaboração benevolente do magistrado, o jornalista dificilmente pode resistir a dar uma importância desmesurada às informações que lhe são comunicadas. Esta evolução, por sua vez, alimenta uma reivindicação de transparência que, dentro de limites razoáveis, depende de uma sã conceção da democracia mas que, na ausência de barreiras deontológicas suficientes, coloca o cidadão à mercê de um linchamento moral. Encontramo-nos então numa situação onde a «publicidade das querelas penais abre um debate perante a opinião pública, anterior ao menor processo». Do ponto de vista institucional, poderíamos assim caminhar para «uma sociedade em que os jogos de poderes e contrapoderes não se exerceriam mais entre as instituições mas sim entre os cidadãos» (Minc, 2002, pp. 196-215). Isto seria a passagem do poder de opinião para a tirania da opinião, contra a qual Tocqueville nos acautelou.

DEMOCRACIA DE CONFRONTO
E DEMOCRACIA DE IMPUTAÇÃO

Pierre Rosanvallon definiu o processo que acaba de ser evocado como a passagem de uma «democracia de confronto» para uma «democracia de imputação». A democracia de confronto é um regime onde a competição dos partidos mantém um debate público estruturado por programas ou projetos. Atualmente, este sistema político está em crise. A perturbação das referências do debate político deu lugar a uma democracia de imputação onde não se julga os programas ou os projetos mas as pessoas; «passamos assim de um regime político da responsabilidade para um regime individual da responsabilidade» (Rosanvallon, 1997, p. 60). Na verdade, trata-se de um regresso a uma situação já velha de dois séculos, em que o pensamento liberal ainda não tinha estabelecido claramente a distinção entre o julgamento das pessoas e o julgamento dos políticos. Esta evolução tem como consequência «colocar em julgamento permanente responsáveis políticos» e, portanto, tem uma enorme influência sobre a atual situação das elites. A influência dos média reforça este «regime de acusação das pessoas», mas não o cria (*ibid.*, p. 61). Neste novo contexto, assiste-se a um fenómeno de «unificação das elites», resultando não de uma apropriação do poder, mas sim do desabamento das estruturas intermediárias oferecidas pelo sindicalismo e pela vida associativa sob todas as formas. Daí resulta um declínio das elites especializadas ligadas a estes corpos intermédios. A isto acrescenta-se «que historicamente todo o sistema francês fez força para que houvesse uma elite única» (*ibid.*, p. 62). A partir do fim do Antigo Regime, a evolução política francesa orientou-se para «uma definição racionalista da democracia». Aí não se cultiva uma conceção da democracia fundamentada no «confronto de interesses» ou na «negociação das procuras e das necessidades»; importa fundamentar-se numa «imagem objetiva de interesse geral», resultando não do confronto de pontos de vista mas antes da apreensão pela razão. Diferentemente da conceção britânica de democracia, fundamentada na «expansão das liberdades individuais» e na «representação política das diferenças sociais», o modelo republicano francês está assente num projeto racionalizador. E o objetivo do «governo racional» explica em grande parte «a organização das grandes escolas» e, mais em geral, o sistema francês de formação das elites (*ibid.*, pp. 62-63). Este objetivo do governo racional dá conta do tipo de elite que ocupa os postos de direção da política e da economia, mas ajuda igualmente a compreender por que razão esta elite é objeto de uma contestação cada vez mais viva. A ambição reformista não pode assentar como outrora num voluntarismo político ou tecnocrático. Atualmente, no clima de suspeição criado pela «democracia de imputação», apenas pode fundamentar-se na «capacidade em remodelar os compromissos sociais» (*ibid.*, p. 65). Hoje, para que uma reforma tenha sucesso já não basta consagrar-lhe os recursos orçamentais suficientes, é preciso dar-lhe uma oportunidade de concluir com sucesso a negociação fazendo com que seja aceite pelos grupos a que diz respeito. As elites governamentais francesas, neste aspeto, foram menos bem formadas que as de outros países europeus.

A EVOLUÇÃO DA RELAÇÃO À NORMA

Esta interpretação da evolução em curso pode invocar a teoria de David Riesman, tal como ele a expôs em *The Lonely Crowd* (1950). O que Riesman oferece, nesta perspetiva histórica a longo prazo – conferindo demasiada importância à variável demográfica – é uma teoria da evolução da relação à norma. Nas sociedades de tipo tradicional, a ordem social apresenta uma estabilidade relativa. Os processos de socialização têm por efeito inculcar uma obediência quase automática às normas estabelecidas e às autoridades constituídas. É a época do homem dito *tradition-directed* ou «com determinação tradicional». A sua conformidade é ditada por relações de poder que existem desde há muitos séculos e que a sucessão de gerações apenas pouco ou nada modificou» (Riesman, 1964, p. 32). Com o advento da modernidade, aparecem novos métodos educativos que geram a interiorização dos controlos e novos modos de conformidade. Vemos então surgir, no século XIX, o indivíduo *inner-directed* ou «intro-determinado» que interiorizou fortemente uma série de normas de comportamento. Para este indivíduo, «a fonte da determinação é "interior", no sentido em que é inculcada muito cedo pelos mais velhos e orientada para fins gerais, mas todavia inevitáveis» (*ibid.*, p. 37). A sociedade circundante apresenta «uma larga escolha de fins», mas o indivíduo, uma vez orientado para certos fins e para certos meios de os atingir, jamais voltará a esta orientação. Dá a impressão de ser movido por uma bússola interna. À medida que o controlo social exercido pelo grupo primário se relaxa, elabora-se de facto «um novo mecanismo psicológico adaptado a uma sociedade mais aberta» que Riesman gosta de qualificar de «giroscópio psicológico» (*ibid.*, p. 38). O tipo social mais representativo da intro-determinação é o indivíduo animado pela ética protestante, descrita por Max Weber. À medida que a sociedade industrial evolui para uma sociedade de consumo, surge uma «nova classe média» hedonista, mais afastada dos valores tradicionais, menos imbuída da ética do trabalho e mais preocupada com o consumo e o bem-estar. É então que surge o indivíduo *other-directed* ou extro-determinado, muito mais atento às expectativas do meio social no qual evolui e que é muito dependente dele. Este tipo social apresenta um comportamento mais gregário e é fortemente influenciado pelos meios de comunicação de massa. Para Riesman, «todos os extro-determinados têm isto em comum: a atitude do indivíduo é orientada pelos seus contemporâneos – os que ele conhece pessoalmente e mesmo aqueles que apenas conhece indiretamente, por intermédio de um amigo ou pelas comunicações de massa». Daí resulta «uma estrita conformidade de comportamento, não tanto por uma disciplina consciente mas, sobretudo, por uma excecional sensibilidade para com os atos e desejos dos outros» (*ibid.*, p. 45).

Comparados entre si, os três tipos diferem pela natureza da sanção do comportamento fora da norma. O indivíduo com determinação tradicional tem vergonha face àqueles que esperam de si um comportamento admissível. O indivíduo intro-determinado, obedecendo ao seu «piloto interno», tem um sentimento de culpa quando se afasta da linha traçada, «quer seja em resposta a um impulso pessoal ou às vozes flutuantes dos seus contemporâneos». O indivíduo extro-determinado «aprende a reagir aos sinais» de um ambiente social muito mais amplo do que o meio dos parentes e próximos. A sua principal alavanca psicológica é «uma angústia difusa» face às solicitações de todas as ordens de que é alvo (*ibid.*, pp. 49-50). Neste novo contexto, as instituições outrora centrais perderam a sua influência sobre o indivíduo. É o seu grupo de pertença que se torna a instância mais influente, o que conduz diretamente ao comunitarismo. Os diferentes grupos em presença centram-se na defesa de interesses categoriais. As escolhas políticas estão cada vez mais comprometidas entre diferentes centros de decisão. As elites dirigentes perdem o seu poder e ficam reduzidas à negociação de compromissos. Os grupos de pressão adquirem enorme influência ao ponto de podermos perguntar se existe ainda uma classe dirigente. A confusão da estrutura do poder contribui para orientar os indivíduos extro-determinados para uma atitude de consumidor. A própria política torna-se um objeto de consumo e as ideias são tidas como «simples opiniões». O indivíduo extro--determinado, «quando se ocupa de política, fá-lo por intermédio de um grupo de pressão» ao qual deixa passivamente o cuidado de defender os seus interesses (*ibid.*, pp. 279-295).

A «REVOLTA» DAS ELITES

O processo de desmoronamento das instituições e das elites estabelecidas descrito atrás encontra eco no último livro de Christopher Lasch, *La Révolte des élites* (1996). O título da obra é voluntariamente inspirado no de Ortega y Gasset, *La Révolte des masses* (1937). O termo «revolta» deve ser compreendido aqui no modo irónico. Trata-se de elites que se recusam doravante a desempenhar um papel de magistério moral e que «se revoltam» face à ideia de uma tal obrigação. Para Lasch, se a ordem social e a civilização ocidental podiam, outrora, ser ameaçadas pela «revolta das massas», doravante é «a revolta das elites» que constitui o principal perigo. Na época em que Ortega escrevia, considerava-se geralmente que as elites culturais tinham uma responsabilidade particular que consistia em «assumir a responsabilidade das normas constrangedoras sem as quais a civilização é impossível». Isto exigia contrariedades e as elites «viviam ao serviço de ideias exigentes», implicando uma estrita seleção dos fins e dos meios (Lasch, 1996, p. 38). Atualmente, as elites impregnadas de uma sensibilidade hedonista «liberal-libertária» são chamadas a alargar o campo da escolha pessoal em questões onde a maior parte das pessoas experimenta a necessidade de dispor de sólidas orientações morais». Também vai crescendo o fosso entre as novas elites do poder, da riqueza e da notoriedade e a massa das pessoas comuns, muito mais ligada aos valores morais tradicionais, que desconfia da influência crescente dos peritos (*ibid.*, p. 58). Para Lasch, isto implica a necessidade de uma refundação da própria ideia de democracia. É «um erro fundamentar a defesa da democracia na ficção sentimental que pretende que as pessoas sejam todas semelhantes». De facto, «as pessoas não têm todas as mesmas capacidades» e é necessário reconhecê-lo com toda a lucidez. É portanto a «cidadania que confere a igualdade e não a igualdade que cria um direito à cidadania» (*ibid.*, p. 97). A democracia também não pode resumir-se a uma atitude de tolerância: «à falta de normas comuns», a tolerância torna-se indiferença. «A suspensão de todo o juízo ético» e o fácil reenvio para «uma pluralidade de compromissos éticos» têm como consequência o facto de «não exigirmos nada de ninguém e não reconhecermos a ninguém o direito de exigir algo de nós». Quando as elites já não querem ser grupos de influência, é um estiolamento do social e um empobrecimento da vida comum que daí resulta.

CAPÍTULO 4

ENSAIOS DE TIPOLOGIA E ABORDAGENS EMPÍRICAS

O uso muito frequente do plural sugere um conjunto compósito, feito de grupos distintos. Podemos desde logo ser tentados a dar uma definição globalizante que dê conta de todos os aspetos do objeto. Assim, para Hans Dreitzel, «uma elite é formada por aqueles que – ocupando as posições mais elevadas num grupo, organização ou instituição – atingiram estas posições principalmente graças a uma seleção de capacidades pessoais. Têm poder ou influência graças ao papel ligado à sua posição. Para além dos seus interesses de grupo, eles contribuem diretamente para a manutenção ou para a mudança da estrutura social e das normas que a sustêm. O seu prestígio permite-lhes desempenhar um papel de modelo contribuindo, a partir do seu grupo, para influenciar normativamente o comportamento de outros.» (Dreitzel, 1962, p. 3). Uma definição deste género apenas reproduz a confusão que tenta ultrapassar e não contribui em nada para clarificar as questões teóricas e metodológicas que se colocam. Os diversos ensaios de tipologia e os trabalhos empíricos, assentando em objetos cuidadosamente circunscritos, visam dissipar a impressão de complexidade inultrapassável suscitada pelas teorias de caráter geral.

A ELITE: UM OBJETO SOCIALMENTE PRÉ-CONSTRUÍDO

É verdade, como refere Lewandowski, que a «diversidade fenomenal» das elites parece impor-se a qualquer observador (Lewandowski, 1974). Para este autor, o princípio da complementaridade das funções de qualquer sociedade não é contudo suficiente para pensar esta diversidade. Para construir um conceito científico, não é suficiente tentar eliminar os juízos de valor. Assim, o caminho proposto por Pareto – formar «uma classe daqueles que têm os índices mais elevados no ramo em que desenvolvem a sua atividade» e dar «a esta classe o nome de elite» – só tem sentido se pudermos precisar como atribuir os índices e ponderar os ramos de atividade. Por exemplo, será necessário selecionar «o escritor de avant-garde reconhecido num círculo muito restrito, o membro da Academia Francesa ou então o escritor cujas tiragens são as maiores?» Noutros termos, que grupo de referência escolhemos e a quem deixamos o cuidado de julgar a excelência? Além disso, que lugar será necessário conceder aos diferentes domínios? Na falta de uma resposta, fundamentada na teoria, para a questão do princípio de notação e para a do princípio de ponderação dos ramos de atividade, «a elite mantém-se um objeto socialmente pré-construído» (*ibid.*, p. 44.) E quando se pergunta quem incluir aí, somos inevitavelmente levados a precisar «aos olhos de quem?». Isto equivale a dizer que a noção de elite remete para «a imagem social da elite».

Para Lewandowski, estudar a elite significa estudar simultaneamente «o processo de constituição social da elite e o resultado deste processo». A este respeito, a obra de referência *Who's Who in France* fornece um exemplo muito interessante de uma «aproximação da imagem social da elite para a classe dirigente» ou, em qualquer caso, para uma fração importante desta (*ibid.*, p. 45). Diferentemente do *Bottin mondain*, «que procura reunir mais as famílias da alta sociedade mundana e corresponde à noção de grupo de estatuto», o *Who's Who* pretende selecionar em todos os domínios «aqueles que fazem efetivamente qualquer coisa, os melhores ou pelo menos aqueles que são reconhecidos como tais, e corresponde sobretudo no seu projeto à noção paretiana de elite (em todos os ramos, os índices mais elevados)» (*ibid.*, p. 47). No entanto, uma coisa deve ser sublinhada: o editor do *Who's Who* reconhece explicitamente «apenas registar um juízo social preexistente». Como veremos mais adiante, a metodologia dos estudos de elite distingue frequentemente três critérios para selecionar personalidades: a posição, a reputação e a tomada de decisão. Com efeito, podemos selecionar as personalidades a partir da sua posição institucional, mas podemos também selecioná-las em função da sua reputação de poder, como fez Floyd Hunter (Hunter, 1953), ou examinando a sua influência sobre um certo número de decisões importantes em vários domínios, à maneira de Robert Dahl (Dahl, 1961). Um dicionário biográfico como o *Who's Who*, corresponde a «qualquer coisa mais vaga, mais próxima da definição geral de elite que dá Pareto. Além disso, é com muito mais empirismo que se efetua, neste caso, a seleção. As informações do prefácio são fornecidas essencialmente pelas próprias personalidades, respondendo a um questionário enviado pelo editor. Diversas nomenclaturas e a imprensa permitem decidir a quem o questionário será enviado. Um pequeno número de personalidades, situadas «num muito alto nível de reputação» ou em certas posições institucionais eminentes (Senado, Câmara de Deputados, Tribunal de Contas, Conselho de Estado, Instituto, etc.), são contudo considerados como «indispensáveis» e, se a personalidade descura a resposta ao questionário, o editor decide redigir ele mesmo o prefácio (*ibid.*).

Vemos toda a ambiguidade deste processo de seleção. A seleção do *Who's Who* supõe um «juízo social preexistente», mas o *Who's Who* situa-se simultaneamente a montante e a jusante. É utilizador de dados, mas é também fonte de informação. Portanto, participa «neste processo de conjunto de definição social da elite» (*ibid.*, pp. 48-49). Os diferentes setores de atividade não são representados igualmente no *Who's Who* e isto corresponde a uma dissimetria fundamental. A agricultura, a indústria e o comércio estão sub-representados. Isto implica que não podemos atribuir ramos de atividade independentemente de qualquer hierarquia social. A simples comparação da taxa de representação do mundo artístico e a do mundo industrial faz sobressair «o caráter sociologicamente abstrato» de qualquer distinção em setores de atividade económica, que seria separada da indicação do nível social onde foi definida. Um industrial não é o mais hábil dos operários, mas sim o proprietário ou o gestor dos meios de produção. Pelo contrário, um artista apenas é recenseado como tal quando já logrou experimentar viver da sua arte. O mesmo acontece com os desportistas, que apenas são recenseados a partir de um certo nível de performance e de reputação. A distinção em setores e a estratificação não podem assim ser consideradas como duas variáveis independentes (*ibid.*).

Para dar conta da evidente diversidade das categorias participando na noção de elite, sem no entanto nos deixarmos cair na cilada da forte diversidade, podemos certamente adotar um procedimento analítico e atribuir uma série de definições correspondendo às diversas facetas do objeto a definir.

AS ELITES: CRITÉRIOS DE CLASSIFICAÇÃO

Foi esta atitude que adotou o sociólogo alemão Günter Endruweit num texto de síntese que se apoia sobretudo nos trabalhos de Urs Jaeggi (1967) e que aqui adotamos como fio condutor (Endruweit, 1998, pp. 245-269). Assim, podemos distinguir as elites titulares de valores (*Wertelite*), as elites fundamentadas em sucessos (*Leistungselite*), as elites por posição (*Positionselite*), as elites do poder (*Machtelite*) e as elites de função (*Funktionselite*). Ninguém duvida que, no estudo de grupos empiricamente observáveis, estes diferentes elementos de classificação não sejam chamados a combinarem-se, a sobreporem-se e até a substituírem-se um ao outro. Todavia, como veremos mais adiante, é precisamente na prática da investigação que estes critérios adquirem o seu significado e ganham em ser encarados separadamente. Portanto é de todo o interesse passá-los em revista e submetê-los a um exame crítico.

AS ELITES TITULARES DE VALORES

Pode tratar-se de uma *elite titular de valores* quando os seus membros, pela sua formação ou pelas suas atividades, podem ser associados aos valores dominantes de uma sociedade. Segundo o tipo de sociedade considerada, poderá portanto tratar-se de um grupo religioso, de personalidades do mundo da cultura, mas também de membros de movimentos políticos ou sociais. Ao longo do século XIX, a conceção tradicional da elite do Antigo Regime persistiu. É sobretudo a conceção de Le Play que apenas define as elites – «as autoridades sociais» – por referência aos valores do Antigo Regime. «As autoridades sociais», escreve Le Play, «reconhecem-se, em todos os lugares, pelas mesmas características. Guardam religiosamente o Costume dos antepassados para o transmitir aos descendentes. Estão unidas aos seus operários pelos laços de afeição e de respeito. Em cada região e em cada profissão, não têm apenas a mesma prática: resolvem da mesma maneira as questões de princípio que atualmente dão lugar a discussões sem fim; este mesmo acordo é o mais seguro critério da verdade» (Le Play, 1941, II, p. 15). Nesta ótica, em oposição às conceções saint-simonianas, a principal função das elites é a conservação e a restauração de uma ordem social estável pela reapreciação dos valores tradicionais. Na mesma época, do lado republicano, o acento é colocado na responsabilidade das elites na educação das massas. Mas aí regista-se um deslize da ideia de elite política para a de elite administrativa, orientada para o eficaz serviço do Estado na continuidade. Esta continuidade, estima-se, é a elite administrativa que a pode assegurar e não a classe política, em razão da instabilidade política e institucional e da falta de consenso quanto à forma de governo. Esta instabilidade tem como consequência que uma elite política não pode ser definida pela participação no governo. Pelo contrário, a administração consciente da sua ideologia do serviço público impõe-se, pouco a pouco, como a incarnação do Estado. Esta evolução conferiu igualmente um prestígio inigualável à elite intelectual, votada a valores altamente valorizados – o conhecimento e a inteligência – e que surge como uma forma de elite republicana por excelência, dado que ela é objeto de uma seleção tida como democrática, baseada no concurso, e que assume uma função democrática, a saber a disseminação do saber (Clifford-Vaughan, 1960, p. 328).

Numa sociedade pluralista e laica, a noção de elite portadora de valores poderá corresponder simplesmente ao que o uso comum qualifica de «pessoas mais cultas». No entanto, a maior fragilidade deste critério é estar inextrincavelmente ligado a outros critérios, muito heterogéneos: a autoridade moral, a notoriedade, a fortuna, mas também a capacidade de coerção. Além disso, conduz muito facilmente à procura, não sociológica ou pré-sociológica, «dos melhores», no sentido da filosofia platónica. Desde logo, afastamo-nos da possibilidade de preservar uma qualquer forma de neutralidade axiológica. A este respeito, Endruweit cita um exemplo onde o termo «elite» está deliberadamente ligado a um juízo de valor; trata-se de um texto relativo à tentativa de golpe de estado anti-hitleriano de 20 de julho de 1944, onde a revolta contra Hitler é descrita como «uma revolta da elite contra o detentor do poder» (Gerstenmaier, 1958, p. 1691). Esta fórmula junta com precisão, de forma implícita, diversos critérios heterogéneos mascarados pela noção de «categorias cultas» de uma população. A conjuração de 20 de julho reagrupava homens beneficiando de uma autoridade moral incontestável e homens – indispensáveis neste género de empresa – dispondo de uma capacidade de coerção. Uns e outros, para além disso, dispunham de recursos simbólicos e materiais que os tornavam tipicamente notáveis.

Isto lembra-nos que os valores particularmente honrados numa sociedade particular – poder, riqueza, talento, saber, etc., – não se encontram sem ligação com o tipo de pessoas consideradas como particularmente aptas para dirigir a sociedade. Desde logo, que aqueles que são chamados para postos de direção sejam também os principais beneficiários da ordem social é uma consequência altamente provável do seu recrutamento, e isto apenas seria surpreendente se não se produzisse. Mas à medida que o tempo passa, sucedem-se então novas elites enquanto novos valores, correspondendo a novas necessidades sociais, adquirem a prioridade. Logo, o processo de formação das elites é ditado pela necessidade de ver chegar a postos de responsabilidade indivíduos portadores dos valores prioritários e das capacidades e atitudes que lhes estão ligados. Por conseguinte, de certa foram, as elites não são selecionadas, mas emergem de um processo de transformação social quando novos valores surgem para constituir as bases de poder. O processo de emergência das eli-

126

tes é universal, se bem que possa ser facilitado ou, pelo contrário, bloqueado pela estrutura de oportunidades que prevalece. Esta estrutura de oportunidades não é evidentemente neutra e é ela mesma função da distribuição dos valores num dado momento. Os sistemas democráticos diferem dos outros sistemas de governo, no sentido em que procuram reduzir as obliquidades inerentes à estrutura de oportunidades (Eulau, 1976, p. 24).

AS ELITES FUNDAMENTADAS NO DESEMPENHO

Tentou-se frequentemente circunscrever as elites dando uma definição fundamentada sobre o *nível do desempenho*, sendo entendido que se trata, na maioria das vezes, da aptidão para o desempenho e não da sua realização efetiva (Endruweit, 1998, p. 253). Desta forma, recai-se sobre uma das duas definições paretianas e temos por objetivo conciliar o uso do plural com um critério unificador. Todavia, o problema aqui é o da incomensurabilidade dos diferentes setores de atividade e da sua valorização desigual. Qualquer tentativa de classificação global chega desde logo *nolens volens* a combinar um critério de desempenho com um critério de valor: o do valor atribuído à atividade que é objeto do desempenho. É necessário notar igualmente que alguns setores de atividade se prestam melhor a operações de medida unívoca do que outros. Daí resulta que são as elites do desporto – isto é os desportistas de alto nível – que se deixam mais facilmente distinguir com base exclusiva nos seus desempenhos (*ibid.*, p. 254). Noutros setores de atividade, o nível de desempenho de membros da elite não é diretamente mensurável. Apenas se pode deduzir do funcionamento da organização ou da instituição no seio da qual estes indivíduos são ativos. É evidente que o nível de desempenho das elites é relativo e deve ser apreciado em função da época e do contexto. Como nos lembra Svalastoga, fazendo referência a situações observadas em países em vias de desenvolvimento, podemos considerar o facto de saber ler como um critério de pertença à elite enquanto os que sabem ler constituírem menos de 10% da população (Svalastoga, 1969, p. 15).

AS ELITES POR POSIÇÃO

Apesar das ambiguidades criadas pelas interferências da excelência e da preeminência, uma abordagem sociologicamente tentadora é a que consiste em tomar como ponto de partida da análise as posições numa estrutura. Colocamos assim em evidência *elites por posição*. É o caso quando uma elite é definida como um grupo ocupando posições estratégicas que lhe permitem exercer uma influência percetível sobre processos de tomada de decisão. A posição estratégica está assim ligada a um estatuto traduzindo o valor que lhe atribuímos. Os símbolos de estatuto, o prestígio, os privilégios, tornam-se outros tantos sinais distintivos da elite. Como é óbvio, este modo de definição não pode de forma alguma resolver o problema da relação entre excelência e preeminência, na medida em que privilegia imediatamente a preeminência. É no entanto o que se presta melhor à abordagem modeladora sugerida por Lopreato e Alston, referindo-se à obra de Pareto.

Todavia, para certos autores, um estudo estritamente descritivo das elites, fundamentado na posição – que parece ser um elemento puramente factual – não escapa à incorporação de um juízo de valor implícito (Clifford-Vaughan, 1960). Com efeito, tal tentativa baseia-se necessariamente na pressuposição de que as elites podem realmente ser definidas em termos de posições, isto é, que existem elites do poder que sejam simultaneamente aristocracias da influência, da riqueza e da ordem social. Uma tal conceção não pode, no entanto, ser tida como universal. Em certos países predomina, é verdade. O poder gera o prestígio porque tem largo consenso a propósito da estrutura política e económica, assim como uma completa unanimidade quanto aos valores que servem de base à ação das elites institucionalizadas. Noutros países, pelo contrário, não existe acordo fundamental no que diz respeito à forma de governo ou à organização da produção. Portanto, o estatuto não gera o reconhecimento social implícito, seja em razão de uma falta de confiança nos valores mantidos pelas instituições, seja em razão de um ceticismo mais geral em relação a qualquer hierarquia estabelecida. Numa sociedade em que o poder é considerado como fonte de corrupção, o detentor do poder pode inspirar diversos sentimentos, entre os quais o medo, mas não inspira o respeito e não suscita um sentimento de legitimidade. Contudo, sublinha Clifford-Vaughan, o prestígio é, tanto como o poder, um atributo de qualquer elite, porque só o prestígio pode garantir uma verdadeira estabilidade. A abordagem dita «objetiva» das elites implica que o poder crie o prestígio. Em compensação, ela não tem em conta os casos em que, por razões que têm a ver com a história e o jogo das instituições, os elementos de poder e de prestígio estão separados. Esta separação tem como consequência uma dissociação entre a posição ocupada e a pertença a uma elite aceite pela coletividade no seu conjunto (*ibid.*).

Para Clifford-Vaughan, a França fornece um exemplo de uma tal dissociação. As consequências ideológicas e políticas a longo prazo da Revolução Francesa impediram a criação de uma elite política estável e largamente reconhecida. De maneira mais geral, as pessoas situadas no topo das diversas hierarquias não são unanimemente reconhecidas como membros de uma elite. A classe política nunca deixou de ser objeto de uma desconfiança bastante difundida. A hierarquia militar e a hierarquia eclesiástica foram olhadas, de longa data, com a suspeição que gera a ideologia republicana. A elite dos negócios é considerada como dedicando-se a atividades produtivas, mas pouco respeitáveis. Nenhum valor é aceite universalmente, nenhuma função é considerada sem discussão como preeminente, nenhum estatuto garante o reconhecimento geral. O debate a este respeito não para de ter novos desenvolvimentos. No caso desta figura, as elites dificilmente podem ser definidas por posições dentro das hierarquias. Em França, no entanto, é grande a tentação de substituir a descrição das elites reconhecidas pela incessante busca de elites dignas deste nome. A parábola de Saint-Simon é típica de uma atitude que consiste em opor «verdadeiras» elites a elites «aparentes». As elites aparentes são elites definidas por critérios objetivos de posição, enquanto as elites tidas como reais são as que exercem as funções consideradas essenciais. No caso da França, podemos defender que a ideia da reticência em admitir a posição como critério de pertença a uma elite é uma longínqua consequência da Revolução Francesa, que não foi uma simples aceleração da circulação das elites, mas sim uma verdadeira substituição de elites. Neste processo, foi menos a mudança na composição social das elites que se revelou importante do que a mudança nas escalas e valores e nas funções exercidas. Todavia, a moderna hierarquia dos valores e das funções não substitui completamente a antiga. Apesar da tentativa de síntese napoleónica, as duas conceções jamais se amalgamaram num compromisso durável e continuaram em competição pelo reconhecimento social. Encontramo-nos, assim, numa sociedade em que as atividades e atribuições das elites se prestam mais à controvérsia do que a sua composição.

AS ELITES DO PODER

Uma dimensão que se impõe ao espírito, quando tentamos uma classificação das elites, é a do poder. Seremos assim tentados a falar de *elites do poder*, sem que seja necessário adotar a tese de Charles Wright Mills sobre a solidariedade de facto das diferentes elites – políticas, económicas ou militares – unidas pela sua participação direta ou indireta no poder governamental (1969). O uso do plural é aqui justificado pela ambiguidade da noção do poder. Podemos – devemos – de facto distinguir, com François Chazel, um poder relacional e um poder substancialista (Chazel, 1992, p. 199). O poder de tipo relacional exerce-se antes de mais numa situação de interação, introduzindo-lhe uma assimetria relacional, mas transborda de seguida o quadro da relação inicial para suscitar, nas formas mais complexas de ação organizada, «uma dependência mútua e desequilibrada dos atores» (Friedberg, 1993, p. 116). Quando a assimetria se inscreve na duração e no espaço, torna-se a fonte de um poder substancialista, quer dizer transitivo: um poder que pode transmitir-se de um nível para outro num aparelho administrativo ou de um ponto para outro de um território. As elites definidas pelo poder surgem em primeiro lugar como grupos capazes de exercer diretamente com sucesso um poder substancialista; detêm simplesmente as alavancas de comando. Mas os membros das elites em questão podem igualmente ser caracterizados por uma vantagem estratégica adquirida ou transmitida: o de poder impor-se e impor a sua vontade em contextos relacionais diferentes. A tese de Charles Wright Mills sobre a coesão relativa da *power elite* assenta, aliás, em parte no exercício combinado destas duas formas de poder. De modo mais geral, a distinção entre poder relacional e poder substancialista remete para a oposição entre os mecanismos formais e informais nas diferentes variedades de ação organizada. Os detentores de um poder substancialista incontestado são os membros de uma elite estabelecida cujo estatuto assenta em critérios formais. Os beneficiários de um poder relacional podem procurar impor-se no modo informal, como membros de uma contraelite ou de uma elite ascendente. Consigam eles solidificar a sua posição que o seu poder afirma-se então de forma cada vez mais formal e adquire, pouco a pouco, as características de um poder substancialista.

Há historiadores que ligam o surgimento progressivo de uma elite do poder específico, na ordem do político, ao processo histórico da construção do Estado-nação. Na origem, no século XIII, «a noção abstrata, impessoal, de Estado» apenas existia de forma muito limitada, o «serviço de Estado» identificava-se então mais frequentemente com «o serviço de uma dinastia». As personalidades dirigentes que suportavam as dinastias durante as crises políticas «faziam do crescimento do poder relativo ao Estado a sua causa pessoal» (Reinhard, 1996, p. 9). É a estes indivíduos que podemos convencionar chamar «elites do poder». A sua orientação é exclusivamente política, mas não podemos defini-los por uma «dada posição no seio de um sistema político». As suas funções evoluem à medida que o aparelho de Estado se consolida. Estas pessoas «podem sair das camadas superiores da hierarquia das fortunas ou da hierarquia do prestígio, ou até das duas». É no entanto mais frequente que sejam precisamente «os serviços prestados ao soberano e ao Estado que constroem as fundações da riqueza e do prestígio destes homens» (*ibid.*, p. 10). Certamente existem outras elites na sociedade – económicas, religiosas, intelectuais – mas a elite do poder conserva a sua especificidade na ordem do político.

Para o estudo das elites políticas consideradas como «elites do poder», Lasswell sugere a adoção do postulado segundo o qual qualquer ator social, em interação com outros, procura maximizar pela sua ação ou por práticas institucionais, resultados valorizados (*value outcomes*). Para as necessidades da análise, Lasswell distingue oito categorias de resultados valorizados que podem entrar em linha de conta: os resultados das ações em termos de poder, de saber, de riqueza, de bem-estar, de qualificações, de afeição, de respeito e de rigor moral (Lasswell, 1965, p. 8). Sendo as elites caracterizadas como os grupos influentes, poderíamos distinguir níveis de influência diferentes em relação a cada categoria de resultados valorizados. Todavia, para Lasswell, podemos, sem grandes riscos, pôr a «hipótese de aglutinação», a saber: que uma pessoa que ocupa uma posição no topo, em relação a um dos valores, tem fortes possibilidades de ocupar uma posição igualmente favorável em relação a outros valores. A elite do poder, como todas as outras elites, tem um potencial de influência importante. Em contrapartida, o que a distingue das outras elites é que dispõe de sanções específicas, fundamentadas no monopólio da violência legítima. Mas este potencial de influência transborda sempre do domínio valorizado, estritamente considerado. Acontece o mesmo com qualquer outra elite. A elite da fortuna, por exemplo, dispõe de possibilidades de influência que transbordam o domínio da vida económica. Os diferentes valores distinguidos por Lasswell podem desempenhar um papel quando nos interrogamos sobre a pertença de classe das elites políticas. Um frequente resultado das investigações que assentam nas elites é que os detentores dos postos administrativos mais elevados e os dirigentes políticos de alto nível foram expostos, nos seus anos de formação, à «cultura de classe» da elite do poder. Este resultado está sujeito a diferentes interpretações porque não é sempre o mesmo valor que parece estar em causa. Ser o descendente de uma velha família aristocrática, por exemplo, não significa – ou não necessariamente – ser o descendente de uma família rica. De facto, observa Lasswell, a ambição de numerosos dirigentes políticos parece ter sido estimulada por um afastamento entre o seu estatuto, como membro de uma família prestigiosa, e os seus recursos materiais. A sua trajetória era dominada por uma tensão entre o valor de «respeito», devido ao prestígio das suas origens, e o valor de «riqueza material», podendo além do mais ser considerado como um fim a atingir (*ibid.*, p. 13) Entre os fatores contextuais que devem ser tomados em consideração para distinguir os atuais ou potenciais membros da elite, devemos recorrer à noção de crise. Quando uma crise de qualquer natureza afeta o corpo social, certos grupos reagem mais eficazmente que outros, porque a sua escala de valores e a sua formação os predispõe particularmente a afrontar a situação assim criada. Este pode ser o momento da emergência de uma nova elite que tende a substituir a elite que reagiu à crise de forma menos vigorosa ou menos adequada (*ibid.*, p. 15).

AS ELITES DE FUNÇÃO

Como Endruweit nos leva a observar, a noção de *elite de função* está estreitamente ligada à de elite do poder (Endruweit, 1998, p. 258). O poder, qualquer que seja a aceção do termo retido, é o que permite exercer uma influência sobre o desenvolvimento dos acontecimentos. Quem não exerce influência só dispõe da aparência do poder. Ora em cada domínio de atividade existem indivíduos exercendo uma influência decisiva sobre os processos sociais em curso. Podemos ver os membros de uma elite em razão da função que assumem e que lhes permite exercer esta influência. Portanto, basta perguntarmo-nos em que se baseia o seu poder e onde se aplica para chegar a diferentes domínios funcionais que definem as elites de função. Entre as elites de função, alguns autores distinguem especialmente *elites de representação*. São elites cuja tarefa primordial é a representação dos votos e aspirações de alguns grupos (Schluchter, 1963, p. 255). Trata-se de uma função a desempenhar, mas de uma função de tipo particular. De facto, esperamos de uma elite de representação que coloque em evidência os interesses latentes de um grupo, que contribua para os formular de forma coerente e que obtenha um projeto político realizável. Entre a elite de representação e o grupo de que é porta--voz instaura-se uma ligação contendo um elemento utilitarista, mas igualmente uma marcada componente emocional (*ibid.*).

Ao longo dos anos 1960, Nicole Delruelle-Vosswinkel efetuou, na Bélgica, um estudo sobre aqueles a que ela chamou «os notáveis» e sobre o acesso à «notoriedade» encarada numa perspetiva de mobilidade social. A autora afasta de imediato o conceito de elite julgado demasiado impreciso (Delruelle-Vosswinkel, 1972, p. 6), mas os notáveis em questão correspondem a uma elite «pela função» (ibid., p. 280). Cerca de 60% dos notáveis que participaram no questionário exerciam nesse momento uma função de importância mais ou menos equivalente à do seu pai, no mesmo setor de atividade ou num outro. Cerca de 40% deles, pelo contrário, tinham efetuado uma ascensão social, sendo a sua função mais importante que a do seu pai. Estas categorias de notáveis são representadas muito diferentemente segundo o setor de atividade. Nos meios económicos (grandes empresas, bancos, holdings, sociedades financeiras), existe uma ligação a uma hierarquia que o autor qualifica de «plutocrática», onde a ascendência familiar desempenha um importante papel pela transmissão da propriedade. A esta hierarquia, fundamentada na riqueza e nos laços familiares, vem contudo justapor-se uma hierarquia de gestores mais aberta (ibid., p. 279). Na magistratura, na diplomacia, nas belas-artes, nas profissões liberais e, em certa medida, no ensino superior, prevalece uma lógica de reprodução largamente fundamentada numa tradição familiar. Outros setores de atividade são muito mais abertos à mobilidade inter e intrageracional: isto acontece com a administração pública, organismos paraestatais, partidos políticos, organizações sindicais e com o clero (ibid., p. 280). Ao contrário de Lewandowski, Nicole Delruelle-Vosswinkel apenas utilizou o Who's Who de forma completamente marginal. Uma vez que o seu interesse se dirigiu para a maneira como «se repartem os indivíduos na estrutura formal dos papéis que a sociedade lhes oferece (ibid., p. 108), a lista das personalidades a submeter à investigação foi estabelecida a partir de nomenclaturas que oferecem critérios objetivos, a saber, o anuário administrativo e judicial da Bélgica, o Moniteur, (isto é, o Jornal Oficial da Bélgica), o Memento des valeurs boursières, os anuários dos partidos políticos e das organizações sindicais, o repertório do ministério da defesa nacional e o anuário dos advogados (ibid., pp. 108-111).

Como observámos mais acima, é na prática da investigação empírica que os diferentes critérios, que acabam de ser evocados de forma breve, adquirem o seu significado estratégico. O termo «elite», quer seja utilizado no singular ou no plural, não pode deixar de nos confrontar com algumas questões bastante gerais sobre os indivíduos ou os grupos que suplantam todos os outros em termos de poder, de influência ou de notoriedade. Isto só nos pode levar, ainda e sempre, para as relações entre a excelência e a preeminência. Mas logo que nos decidimos a resolver os problemas concretos de investigação, pode existir aqui o interesse de selecionar esta ou aquela característica do grupo considerado, particularmente pertinente em razão da questão colocada. Se, por exemplo, uma investigação assenta na importância do universalismo ou do particularismo da orientação para os valores de uma determinada sociedade, podemos querer centrar a atenção sobre uma elite enquanto categoria social portadora de valores. Igualmente, podemos ser levados a privilegiar um critério de identificação particular por causa do material de investigação sobre o qual trabalhamos. Quando apenas dispomos de dados estatísticos recolhidos para outros fins para além dos da investigação, somos naturalmente conduzidos a privilegiar a noção de elite pela posição porque é a que melhor se ajusta aos elementos de informação acessíveis.

AS PERTINENTES DIMENSÕES DE ANÁLISE

Para além dos critérios de classificação que acabámos de passar em revista, é útil definir dimensões que podem constituir eixos de análise sociológica.

A BASE CONCEPTUAL DE ANTHONY GIDDENS

Segundo Anthony Giddens, três dimensões elementares devem ser tidas em consideração: o recrutamento para os postos ocupados pelas elites, a estrutura dos grupos que pertencem à elite, a distribuição do poder entre os membros da elite (Giddens, 1990). O modo de recrutamento pode variar de acordo com uma dimensão de *abertura/fecho*. O processo de recrutamento pode atrair indivíduos de diferentes meios socioeconómicos ou, pelo contrário, estar limitado a pessoas saídas das classes privilegiadas da população. Todavia, mesmo no caso de um recrutamento relativamente fechado, existem vias típicas de mobilidade no seio das classes privilegiadas. Quando se trata da estrutura das elites, há espaço para nos interessarmos pelo *nível de integração social*, bem como pelo *nível de integração moral*. Por integração moral é preciso entender a medida na qual os membros da elite têm ideias comuns, conceções morais comuns, assim como o sentimento de solidariedade que os une. A integração social assenta sobre a natureza e a frequência das relações e dos contactos sociais entre os diferentes grupos que pertencem à elite. Estes contactos podem tomar diversas formas, incluindo a existência de relações pessoais, a formação de relações de amizade ou a realização de casamentos entre membros de diferentes grupos pertencentes à elite. Na maior parte dos casos, integração moral e integração social caminham lado a lado, uma reforçando a outra. No entanto, não é sempre o caso. Podemos imaginar uma elite moralmente homogénea que, no entanto, não constitui um segmento social muito integrado. No entanto, em geral, podemos falar sem problemas de uma fraca ou forte integração da elite sem especificação. No que se refere à distribuição de poder, duas questões devem reter a nossa atenção: por um lado, a difusão do poder na sociedade e em que medida o poder efetivo está concentrado entre os membros da elite e, por outro, a especificidade do poder exercido pela elite, dito de outra maneira, a gama de questões sobre as quais o poder da elite pode efetivamente exercer-se. Nas sociedades modernas, o poder das elites está geralmente limitado pela estrita definição dos domínios em que este poder pode exercer-se.

Combinando as dimensões mencionadas, Giddens chega a uma tipologia que pode servir de quadro conceptual para o estudo das elites. Para Giddens, uma elite *uniforme* é uma elite que combina um procedimento de recrutamento relativamente fechado com uma forte densidade de contactos no seu interior. As duas dimensões não são independentes uma da outra. Com efeito, um sistema de recrutamento relativamente fechado possui uma forte probabilidade de induzir um processo de socialização coerente, que tem como resultado um elevado grau de integração da elite. No entanto, existem casos em que um sistema de recrutamento relativamente fechado não gera um elevado grau de integração. É o que Giddens denomina de *elite estabelecida*. Quando o sistema de recrutamento é aberto, podemos ser confrontados com uma elite fortemente integrada – uma elite *solidária* segundo Giddens – ou uma elite fracamente integrada: uma elite *abstrata* nos termos de Giddens. A elite abstrata corresponde à imagem que os teóricos do pluralismo das elites apresentam das sociedades ocidentais. A elite solidária encontra-se nos países organizados segundo um modelo autoritário ou totalitário, onde o partido no poder assegura o acesso à elite de membros das categorias sociais inferiores estimulando um elevado grau de integração moral e social. Foi o caso do regime soviético. Uma outra tipologia, útil para a análise, pode ser obtida combinando a difusão do poder (centralizado ou difuso) com o seu domínio de aplicação (restrito a alguns domínios). Para Giddens, o exercício do poder é *autocrático* quando está centralizado e não está limitado nas suas possibilidades de aplicação; é *oligárquico* quando está centralizado, mas submetido a limitações de aplicação. O exercício do poder só é *hegemónico* quando o seu domínio de aplicação continua alargado, mas está submetido a restrições impostas «por baixo». Finalmente, podemos falar do exercício *democrático* do poder quando o poder da elite está limitado de duas maneiras: o poder está largamente difundido através do corpo social e é submetido a regras que definem estritamente o domínio de aplicação.

Estas dimensões analíticas – sublinha Giddens – não constituem uma teoria, mas sim uma base conceptual para analisar as questões que dependem da teoria das elites. Assim, a tese «gestorial» da decomposição da classe dirigente capitalista, através da progressiva separação da propriedade dos meios de produção e do controlo efetivo destes meios de produção, pôde ser examinada, de forma útil, a partir do ângulo das três dimensões indicadas acima: o recrutamento, a estrutura e o poder. Primeiro, a emergência dos *gestores*, como segmento particular da elite económica, pôde ser associada a modificações nos canais e ritmos de mobilidade social. Recorrendo à ideia de Dahrendorf, Giddens assinala a existência de dois modos de recrutamento para os *gestores* modernos e que estes dois modos de recrutamento diferem radicalmente do que foi observado no século XIX, na época dos capitalistas-proprietários e dos seus herdeiros. O primeiro destes modos de recrutamento é a via da carreira burocrática. O segundo é a elevação aos postos de responsabilidade pelos estudos superiores: formação especializada ou estudos universitários. Este modo de ascensão social, por sua vez, pode estar associado a um sistema de mobilidade intergeracional mais aberto. Em segundo lugar, a emergência de um setor empresarial criou um elemento de tensão na elite económica. O aparecimento de uma função empresarial específica – e portanto de papéis distintos à cabeça da empresa – introduziu uma diferenciação de escalas de valores na vida económica. A produtividade e a eficácia distinguem-se da procura de lucro. Associou-se muitas vezes a dissociação da propriedade e do controlo a um crescimento do grau de centralização do poder económico. Mas desta evolução concluiu-se igualmente que as elites económicas se encontravam, doravante, em posição de poder influenciar as decisões políticas e controlá-las direta ou indiretamente. Todavia, demo-nos conta que se o elemento empresarial dispõe, na verdade, de um poder bem real na esfera económica, a sua capacidade de influência está limitada pelas novas prerrogativas da elite política que, progressivamente, estende o seu controlo às atividades económicas. Por outro lado, a elite económica não é, de longe, o único grupo que procura exercer uma influência sobre as decisões políticas e que se encontra em condições de o fazer. (Giddens, 1990, p. 356)

O QUADRO DE REFERÊNCIA DE G. LOWELL FIELD E JOHN HIGLEY

Em 1980, G. Lowell Field e John Higley distinguiram duas dimensões de base relativas à estrutura e ao funcionamento das elites: o grau de integração estrutural e o grau de consenso quanto aos valores. Por *integração estrutural*, entendem o relativo grau de integração das redes de comunicação e das redes de influência formais e informais entre as pessoas, os grupos e as fações de uma elite nacional. O *consenso de valores* implica um acordo relativo no que diz respeito às regras e códigos de conduta política formais e informais, assim como no que respeita ao valor das instituições políticas existentes. Servindo-se destas duas dimensões, os autores fundamentam-se sobretudo nos trabalhos de Sartori e distinguem três importantes configurações de elites nacionais: as elites desunidas, as elites unidas consensualmente e as elites unidas ideologicamente.

As *elites desunidas* são elites que funcionam numa situação de integração estrutural e de consenso de valores mínimos. As redes de comunicação e de influência não ultrapassam as linhas de demarcação das diferentes fações. Existe desacordo sobre as regras do jogo e sobre o valor das instituições. Consequentemente, as elites tendem a desconfiar umas das outras e comprometem-se numa luta sem tréguas pela dominação. A conceção da vida política é a da «política como forma de guerra» (*politics-as-war*), para retomar as palavras de Sartori (Sartori, 1987, p. 224). Podemos falar de *elites unidas pelo consenso* quando a integração estrutural é englobante: redes de comunicação e de influência que se sobrepõem e se articulam (*overlapping and interconnected*), compreendem todas as fações da elite enquanto nenhuma destas funções dominar estas redes. O consenso de valores é máximo: se as diferentes fações se opõem regular e publicamente umas às outras em questões de política e de ideologia, existe um consenso subjacente sobre as «regras do jogo» e o valor das instituições políticas existentes. Neste sentido, as diferentes fações encontram-se em competição na base de um espírito partidário moderado e cooperam tacitamente para conter problemas particularmente explosivos e para limitar os conflitos. A conceção da política que daí resulta é a de uma «política como negociação» ou *politics as bargaining* (Sartori, 1987, p. 224). As *elites unificadas ideologicamente* funcionam num contexto bastante diferente. As redes de comunicação e de influência compreendem todas as fações de elite, mas estão fortemente centralizadas e organizadas por uma fação dominante e pelo partido ou movimento que dirige. O consenso de valores está igualmente no máximo, no sentido em que as fações em presença não exprimem publicamente nenhum desacordo político ou ideológico importante e, contrariamente, formulam as suas declarações públicas em conformidade com uma ideologia única cujas implicações políticas são oficialmente elaboradas pela camada superior da fação dominante. Consequentemente, as diferentes fações da elite manifestam publicamente uma ideologia monolítica (Field *et al.*, 1990, pp. 154-155). Estas três configurações devem ser entendidas como três tipos puros destinados a ser pontos de referência para a análise. Na verdade, as elites nacionais empiricamente observáveis, se bem que tendam a agrupar-se em torno de três formas distintas – podem ser arrumadas segundo uma continuidade que vai da extrema desunião ao monolitismo extremo. Desde situações de tipo libanês até situações de união consensual de tipo sueco, a unificação ideológica foi representada pelos Estados totalitários (*ibid.*, p. 155).

O maior interesse das configurações propostas por Field e Higley é que elas podem ser relacionadas com tipos de regimes políticos. A este respeito, os autores distinguem entre os regimes políticos estáveis e os instáveis. Para as necessidades de análise, apenas consideram *regimes instáveis* os casos extremos de instabilidade em que esta se manifesta por golpes de estado ou tentativas de golpe de estado. Inúmeros países da América latina são – ou foram – casos de escola a este respeito. Podemos igualmente considerar como instáveis regimes onde a possibilidade de um golpe de estado é considerada como plausível e plana como uma ameaça real sobre as instituições. Os regimes políticos onde este género de acontecimentos não é considerado possível podem ser considerados como regimes estáveis: os regimes estáveis representativos e os regimes estáveis não representativos. Os *regimes estáveis representativos* são regimes em que as elites políticas estão em aberta e legal competição pelo exercício do poder. Pode existir uma alternância das maiorias ou das coligações governamentais, mas o regime é estável. Os *regimes estáveis não representativos* são regimes que podem ter, ou não, instituições políticas de tipo representativo, mas onde a política representativa não é ativamente praticada. Podem existir eleições periódicas, mas não são objeto de uma real competição e o seu resultado não tem influência política real. O poder executivo é exercido no segredo das deliberações de um pequeno grupo de dirigentes do regime. Desde logo, é possível associar cada configuração das elites nacionais a um tipo de regime. A elite desunida deve estar associada a um regime instável, a elite unificada por consenso deve estar associada a um regime representativo estável, a elite unificada ideologicamente deve estar associada a um regime não representativo estável.

AS ELITES COM ORIENTAÇÃO LOCAL OU COSMOPOLITA

Na origem da dicotomia «local-cosmopolita» esteve uma investigação efetuada sob a direção de Robert Merton em Rovere, uma pequena cidade de 11 000 habitantes situada na costa leste dos Estados Unidos. Esta investigação consistia no estudo do papel desempenhado pelos meios de comunicação de massa nos modos de influência interpessoal. Tratava-se particularmente de descobrir as funções preenchidas por um semanário nacional junto de diversas categorias de leitores. Rapidamente, pareceu que o jornal em questão era utilizado de formas muito diferentes por categorias de pessoas beneficiando de níveis de influência diferentes no seio da sua comunidade (Merton, 1968, p. 441). Isto conduziu à distinção clássica entre as elites com orientação «local» e elites com orientação «cosmopolita». Como Merton indica, estes termos não se referem a zonas geográficas de influência, mas sim a modos de orientação em relação à sua própria comunidade. O líder «local», ou localista, é chauvinista. Limita os seus interesses à cidade que é a «sua»; preocupa-se essencialmente com problemas locais e não dá nenhuma atenção às questões nacionais ou internacionais. Em oposição, o tipo «cosmopolita», se bem que não se desinteresse da sua comunidade na qual exerce igualmente uma certa influência, não deixa de situar os problemas locais no contexto mais lato da sociedade global (*ibid.*, p. 447).

SOCIABILIDADES CONTRASTADAS E MODOS DE INFLUÊNCIA

Líderes «locais» e «cosmopolitas» diferem de forma significativa quanto à sua relação com a cidade de residência. Os localistas, na maioria das vezes, nasceram onde vivem e têm vínculos muito fortes com a sua região de origem; dificilmente podem imaginar-se a viver alhures. Os cosmopolitas, pelo contrário, são mais móveis. Fazem do lugar de residência uma questão de conveniência, nada mais. Os localistas procuram o contacto com o maior número de gente possível, de forma pouco seletiva; para eles, claramente, «conta o número». São bastante sensíveis à função instrumental dos contactos que, aos seus olhos, constituem um potencial recurso e, portanto, ganham em ser numerosos e variados. Os cosmopolitas são mais seletivos nas suas relações. Estão igualmente conscientes do valor das relações mas, em geral, são de opinião que *o tipo* de pessoas que se conhece é mais importante que o número. Deste ponto de vista, observa Merton, «os localistas são quantitativistas, enquanto os cosmopolitas são qualitativistas» (*ibid*, p. 451). As duas categorias de líderes – localistas e cosmopolitas – estão mais comprometidos com a vida associativa do que a média dos seus concidadãos. Os cosmopolitas – contrariamente aos localistas – fazem, contudo, um maior uso dos canais organizacionais que dos contactos pessoais para exercer a sua influência. Localistas e cosmopolitas não aderem aos mesmos tipos de associações. Os localistas aderem mais depressa a associações, sendo que uma das principais razões de ser é estabelecer contactos – Rotary Club, Lions' Club Kiwanis –, enquanto os cosmopolitas têm tendência para filiarem-se em associações centradas no exercício de uma atividade que exija o recurso a uma qualificação particular: associações profissionais, sociedades intelectuais, etc. Um contraste análogo aparece no exercício de mandatos públicos. Os localistas ocupam, com prioridade, cargos «políticos» que podem ser atingidos graças ao jogo de relações, enquanto os cosmopolitas se orientam mais para a participação em comissões especializadas, no seio das quais uma competência específica é requerida: organismos que gerem os problemas de saúde, de habitação, de educação, etc. Para Merton, é evidente que a participação na vida associativa tem uma função diferente para as duas categorias de elites: para os localistas, as diferentes associações e organizações são, antes de tudo, suportes de relações sociais; para os cosmopolitas, elas oferecem principalmente ocasiões para a demonstração dos seus conhecimentos ou competências (*ibid*., p. 453).

A influência das elites localistas exerce-se de uma forma diferente daquela exercida pelas elites cosmopolitas. Os primeiros fundamentam-se «numa rede extensa de relações pessoais». A sua influência assenta «menos sobre *o* que conhecem do que sobre *quem* conhecem (*not so much on what they know but on whom they know*). Os cosmopolitas, pelo contrário, fundamentam a sua influência no prestígio que lhes asseguram os seus desempenhos e as suas competências. Para eles, as relações são mais o resultado da sua influência do que o instrumento desta (*ibid.*, p. 454). Os diferentes modos de influência exercidos pelos localistas e cosmopolitas não podem ser considerados simplesmente como a consequência de níveis de estudos ou de estatutos profissionais diferentes. Estes contribuem para as especificidades das influências exercidas, mas não são a sua fonte. É a maneira de recorrer ao estatuto que é decisiva e não os aspetos formais do estatuto (*ibid.*, p. 456). Segundo a fórmula mertoniana, o cosmopolita exerce uma influência «porque sabe» (*because he knows,*) enquanto o localista a exerce «porque compreende» (*because he understands*). Quer dizer que nos dirigimos ao primeiro porque apreciamos a sua experiência e as suas competências especializadas, enquanto nos fiamos mais no segundo pelo seu íntimo conhecimento do meio e pela sua aptidão para apreciar as relações de uns e de outros perante o decorrer de uma ação imaginada (*ibid.*, p. 457).

Ao longo da investigação dirigida por Merton em Rovere, existiu um esforço para localizar as elites – quer dizer, as pessoas que exerciam o máximo de influência sobre os seus concidadãos – procedendo de forma «cruzada», de maneira a dispor de avaliações recíprocas. Os informadores foram situados numa «estrutura de influência» e repartidos em três categorias: os influentes de primeiro grau (citados pelo menos por 15 % dos informadores), os influentes de grau médio (citados por 5 % e 14 % dos informadores) e os influentes de grau inferior (citados por menos de 5 % dos informadores). Nos diferentes níveis desta estrutura de influência, existe um amplo acordo no que diz respeito aos indivíduos que se situam no topo da estrutura: os influentes de primeiro grau ou *top influentials*. Grosso modo, são os próprios indivíduos que são apresentados como influentes, qualquer que seja a sua posição na estrutura de influência das pessoas, que julgam (*ibid.*, p. 464).

INFLUÊNCIA MONOMORFA
E INFLUÊNCIA POLIMORFA

Merton estabelece uma distinção entre os indivíduos que exercem uma influência «monomorfa» e os que exercem uma influência «polimorfa». Os primeiros são considerados como especialistas num determinado domínio. A sua influência exerce-se – de forma monomorfa – no domínio considerado como o seu campo de especialidade e não se propaga a outros setores que exigem tomadas de decisão. Os segundos beneficiam mais claramente de «transferências de prestígio» de um domínio para outro e exercem uma influência «polimorfa» mais difusa (*ibid.*, p. 468). Os dados da investigação efetuada em Rovere sugerem que os líderes localistas são mais frequentemente influentes polimorfos, enquanto os líderes cosmopolitas dependem com maior frequência do tipo monomorfo. A influência das elites localistas, baseada sobretudo numa rede de relações pessoais, tenderia a propagar-se de um domínio para outro e a ramificar-se em diversas esferas de influência. A influência das elites cosmopolitas, fundamentada em competências definidas com mais precisão, teria, pelo contrário, tendência para se concentrar no domínio da atividade onde as competências são reconhecidas (*ibid.*). Mendras e Forsé emitem reservas quanto às possibilidades de generalização destas tendências e reconhecem nelas um traço característico da sociedade da pequena cidade americana em questão. A este propósito, assinalam que, «numa pequena cidade da Europa» no século XIX, «os notáveis eram polimorfos, o seu prestígio e a sua influência estavam assentes na sua posição social» (Mendras e Forsé, 1983, p. 85) No entanto, podemos questionar se as tendências assinaladas por Merton não serão mais típicas de uma sociedade em vias de diversificação crescente, onde a própria notabilidade apresenta diferentes figuras. Se bem que a investigação realizada em Rovere não seja conclusiva neste ponto, estamos no entanto inclinados a pensar que o tipo monomorfo não é um tipo estável no topo da hierarquia social. Poderia corresponder a uma certa fase do desenvolvimento da influência das pessoas a que diz respeito, transformando-se gradualmente o monomorfismo em polimorfismo através daquilo que Merton qualifica, de forma metafórica, de efeito «de halo» (Merton, 1968, p. 468).

DO NÍVEL MICROSSOCIAL AO NÍVEL MACROSSOCIAL

As noções de elites localistas e cosmopolitas foram elaboradas a partir de dados recolhidos no micro-meio de uma pequena cidade. No entanto, é necessário observar que a oposição localista--cosmopolita tem uma aplicação mais lata. Primeiro, pode-se ser «localista» a vários níveis – cidade, região, país – em função do limite colocado entre o meio «local» e o seu ambiente. Um político que tem responsabilidades nacionais num pequeno país poderá parecer «localista» em comparação com uma personalidade que evolui com desembaraço no plano internacional. Um cientista, cujo renome não ultrapassa os limites do mundo francófono, será «localista» em comparação com um colega que adquiriu uma audiência mundial. Pelo contrário, o «cosmopolita» de uma pequena cidade de província parecerá muito localista se for projetado para a cena de uma metrópole política, económica ou cultural. Em seguida, as orientações adquiridas na juventude podem sobreviver a uma transplantação geográfica e criar uma espécie de *habitus* «localista «ou «cosmopolita», independentemente do meio de origem. Sob o verniz cosmopolita do membro da elite ao mais alto nível poderá então manifestar-se, por momentos, o notável da província. E isto explicará a reticência em relação às formas de comunicação mediatizadas, a prioridade concedida às relações pessoais, o cuidado dado à criação e manutenção de redes informais, o polimorfismo da influência adquirida.

AS ELITES ESTRATÉGICAS
E A INVESTIGAÇÃO EMPÍRICA

Desde que raciocinamos sobre uma sociedade moderna diversificada, somos levados a distinguir setores de atividade interdependentes, mas autónomos, que têm os seus próprios canais de acesso à excelência e à preeminência. Noutros termos, estes setores de atividade apenas podem definir hierarquias de excelência e de preeminência particulares. Sobre este assunto, é tentador adotar uma modelização que identifique setores de atividade com algumas grandes funções sociais. A este respeito, a modelização parsoniana, já citada no capítulo 1, presta um serviço mesmo se não testarmos a necessidade de recorrer à ilustração gráfica do esquema AGIL. Daí resultam elites distintas que podem ter, até certo ponto, o sentimento de conivência observado por Charles Wright Mills, mas que não deixam de ter hierarquias de preocupação diferentes: elites políticas, económicas, culturais e elites mais diretamente associadas à manutenção da ordem interior e exterior. Frequentemente, consideramos as hierarquias de preocupações diferentes como a expressão de interesses diferentes. Que interesses pessoais ou interesses de grupo desempenham um papel é sem dúvida inegável. Mas as particularidades de formação e os modos de recrutamento próprios de cada setor de atividade desempenham igualmente o seu papel. Em cada caso, efeitos de disposição e efeitos de posição combinam-se para criar um *habitus* específico que orienta as conceções e as ações. É mais razoável esperar encontrar «tecnocratas» em força no seio das elites económicas do que alhures. As elites políticas serão mais sensíveis às necessidades do «governo dos homens» do que às contrariedades da «administração das coisas». Se a mentalidade da «classe do prazer» sobrevive, é provavelmente entre certas elites culturais que a probabilidade de a encontrar será mais elevada. Quanto às elites da ordem jurídica e da manutenção da ordem, seria lógico que fosse no seu seio que se encontrasse, frequentemente, a opinião segundo a qual os representantes de outras elites apresentam uma propensão exagerada para o angelismo perante as perturbações de várias ordens. Assim, as diferentes elites têm tendência para se constituir em grupos de influência, por vezes ao serviço de interesses particulares, mas fundamentalmente ao serviço de distintas visões da vida em sociedade e das suas exigências.

Para falar de tais elites diferenciadas que exercem influências em sentidos diversos ao mais alto nível, vários autores propuseram falar de «elites estratégicas» (Putnam, 1976, p. 14). Entre estas elites estratégicas, encontramos – para além dos membros da «classe política», no sentido estrito – os altos funcionários, os *gestores* das grandes empresas públicas ou privadas, os dirigentes de organizações de massa, como os sindicatos ou as uniões agrícolas, os militares de alto nível, os membros mais influentes das profissões liberais, dos especialistas de alto nível, dos intelectuais de primeiro plano, dos jornalistas ou ainda os dirigentes de Igrejas. Enumeradas desta maneira, estas categorias parecem corresponder mais ou menos à noção anglo-saxónica de *Establishment*. Todavia, indivíduos que parecem representantes de uma «contraelite» oposicional podem ser assimilados às «elites estratégicas» porque têm, à sua maneira, uma capacidade de influência sobre os processos de tomadas de decisões, pelo menos de forma negativa pelo potencial de oposição que constituem. A relativa importância das diferentes elites estratégicas pode variar de um país para outro. Assim, diríamos que os homens de negócios desempenham um papel mais importante nos Estados Unidos e no Japão, enquanto os intelectuais ou os indivíduos que beneficiam de um nível superior de formação têm mais influência na Europa. Se recordarmos um modelo fundado sobre diferentes subsistemas em inter-relação, poderemos exprimir as coisas de maneira diferente e dizer que a capacidade das diferentes elites estratégicas para exercer uma influência transbordando o seu próprio setor de atividade varia segundo as culturas.

A ABORDAGEM POSICIONAL

Três abordagens diferentes foram adotadas para identificar os membros das «elites estratégicas»: a abordagem posicional, a abordagem reputacional e a abordagem decisional (*ibid*. p. 15 e seg.). A abordagem posicional é a mais facilmente praticável, mas também aquela que levanta mais críticas devido ao facto de o seu partido só utilizar dados pretensamente objetivos, como fizemos notar no parágrafo intitulado «As elites por posição», p. 128. Esta abordagem está fundamentada na hipótese de as posições atingidas nas estruturas formais das diversas organizações e instituições fornecerem uma boa aproximação do poder que detêm os indivíduos que ocupam estas posições. Uma tal hipótese pode apoiar-se em dois raciocínios diferentes: a base organizacional ou institucional é considerada como a fonte do poder que o indivíduo detém ou também como o resultado deste poder, situando-se a fonte no exterior. Por outro lado, a crítica de ordem epistemológica, apresentada na página 128, mostrou que este tipo de análise se limita ao aspeto formal das coisas e negligencia sistematicamente os indivíduos que desempenham um papel que pode ser qualificado de «eminência parda».

A ABORDAGEM REPUTACIONAL

A análise reputacional tem precisamente como tarefa atenuar esta fraqueza e distinguir os indivíduos que detêm um poder informal com base na sua reputação. Resumindo, os informadores que conhecem bem o meio são interrogados, sendo-lhes pedida a sua opinião sobre as diferentes posições de poder presumidas. A abordagem reputacional é a estratégia adotada por Floyd Hunter numa investigação feita em Atlanta, na Geórgia, e da qual nos é dado conta em *Community Power Structure* (1953). Perguntou-se a uma série de personalidades locais que nomeasse os indivíduos que, segundo elas, tinham mais poder na sua cidade. Resultou daí uma lista onde figuravam políticos, homens de negócios, comerciantes e dirigentes do setor associativo. Os que responderam adotaram critérios de apreciação bem diferentes, como podemos verificar: fundamentaram as suas escolhas na reputação, numa ou noutra experiência ou, de modo mais banal, na posição institucional ou organizacional das pessoas selecionadas. Desta lista foi extraída uma amostra e solicitou-se às pessoas inquiridas que reduzissem a primeira lista para cerca de um quarto do total inicial. Uma nova classificação foi então estabelecida em diversas etapas. Esta operação permitiu identificar um número restrito de líderes em posição de tomar decisões ou de pesar, de forma eficaz, sobre as tomadas de decisões. Estes constituíam um núcleo relativamente restrito de «decisores», formando uma rede bastante densa, caracterizada por interações frequentes e numerosas. Os notáveis menos importantes tinham maior contacto com a massa populacional, mas muito menos entre si. Em toda a parte onde se tomavam decisões, existiam homens de negócios que pareciam constituir um subgrupo bem organizado e até exercer uma certa influência no sentido dos seus interesses. Hunter deduziu daí a existência de uma elite económica coerente e generalizou esta conclusão ao nível nacional, juntando-se assim às visões de Charles Wright Mills. Esta forma de análise apresenta uma fraqueza inversa à precedente. Comporta, além disso, um potencial arbitrário mais elevado que a precedente: o investigador deve decidir o que vai perguntar e a quem, e esta dupla interrogação esconde um duplo erro de juízo. Este risco está muito reduzido na abordagem posicional que se pode praticar a partir do estudo de documentos: organigramas, regulamentos, estatutos, autos, etc.

A ABORDAGEM DECISIONAL*

A terceira abordagem – a decisional – visa a eliminação dos desvios das duas primeiras e ter em conta o jogo das influências formais e informais. Esta abordagem, a que também chamamos análise de acontecimentos (*event analysis*), tem como objetivo apreciar o poder a partir de manifestações observáveis, a saber, a aptidão para pesar o curso dos acontecimentos exercendo influência sobre uma decisão a ser tomada. Isto implica que possamos reconstruir processos de tomada de decisão que se fundamentam em dados heterogéneos, escritos ou orais, a fim de ter em conta os aspetos formais e informais dos processos. Ainda mais do que a precedente, esta estratégia de análise só pode ser praticada à escala de coletividades com dimensões reduzidas.

---

* A palavra é formada a partir da raiz latina da palavra *decisão* (*decisio, -onis*) com a adjunção de um dos sufixos mais produtivos da língua portuguesa (*-al*), pelo que o seu uso é perfeitamente lícito, ainda que, devido ao facto de estarmos perante um neologismo, as obras lexicográficas de cariz generalista não lhe dediquem qualquer registo. No entanto, trata-se de um termo largamente usado na área da Gestão para designar um tipo de poder ou de capacidade, detido pelos gestores de empresas, que envolve a tomada de decisões. *(N. T.)*

Um dos exemplos clássicos de análise de decisões deste tipo é o estudo efetuado por Robert Dahl em New Haven, no Connecticut (1961). O autor interessou-se por decisões tomadas em matéria de ordenamento do território, de ensino público e de nomeações para cargos de poder. Questionou-se como e por quem foram tomadas as decisões de alguma importância. Procurou também compreender como se sobe ao nível dos cargos de responsabilidade. À pergunta «quem decide?» ou «quem governa?» trouxe uma resposta mais subtil: muito mais subtil que a de Floyd Hunter. Segundo ele, não é possível distinguir uma «elite do poder» impondo o seu ponto de vista em todos os casos. As tomadas de decisões resultam de interações constantes entre a massa da população e os líderes. Estes esforçam-se por compreender o que é politicamente aceitável para a massa, agem em consequência e, deste modo, esforçam-se para assegurar lealdades que reforçam a sua posição face a uma qualquer eventual oposição.

Estes estudos podem resultar em análises muito detalhadas, mas é evidente que só podem ser realizados sobre um pequeno número de decisões tomadas. Somos portanto levados a operar generalizações nos jogos de influência a partir de estudos que assentam em casos específicos e que em nada garantem a reflexão de uma estrutura geral do poder. Como observa Putnam, o desvio na seleção das decisões pode ser tão grave quanto o desvio na seleção dos informadores na abordagem reputacional (Putnam, 1976, p. 17). Uma outra limitação da abordagem decisional é que ela só se aplica a matérias que já foram percebidas como problemáticas e para as quais uma decisão é esperada. Ora uma forma não negligenciável de poder consiste precisamente em impedir que certos problemas sejam objeto de debates. Existe um potencial de influência oculto que não é possível pôr em dia através da abordagem decisional.

ABORDAGENS COMBINADAS E ANÁLISE DE REDES

Devido às fragilidades das diferentes abordagens, ensaios de combinação das análises posicionais e reputacionais foram tentados através da utilização do método dito de «bola de neve»

(Putnam, *ibid.*). O ponto de partida é «posicional»; noutros termos, os membros da elite estratégica são identificados pela sua posição numa estrutura hierárquica. Em seguida, a análise progride de acordo com o modo reputacional. Pede-se aos indivíduos, assim referenciados, que nomeiem outras pessoas às quais solicitem opiniões ou que, de forma mais geral, considerem como influentes. A operação é então repetida junto das pessoas citadas. No presente, as técnicas de análise de redes podem ser utilmente consideradas como contributo para a medição do poder e da notoriedade. Degenne e Forsé (Degenne e Forsé, 1994, pp. 170-173) citam, a este propósito, uma investigação feita por Marsden e Laumann numa pequena cidade dos Estados Unidos (1977). Estes autores distinguiram dez tipos de recursos que podem ser acionados pelos atores. Eles procederam nesta base com uma estimativa do poder de cada um. Registamos uma convergência interessante entre a capacidade de influência, a reputação e a posição de centralidade no seio de uma rede de relações. A este respeito, a questão que se coloca à investigação empírica é a de saber em que medida um ator em posição de centralidade numa rede se encontra à altura de converter essa centralidade em poder (Lazega, 1998, p. 107). Foi a partir dos anos de 1970 que os estudos sobre as elites locais recorreram à análise de redes e às possibilidades de quantificação que ela oferece. Sobre este assunto, torna-se necessário citar os trabalhos de Laumann e Pappi, baseados no modelo estrutural funcional de Parsons (1976). Com base nas quatro funções do esquema A-G-I-L, uma tipologia de instituições e organizações locais foi elaborada. A função de adaptação A (ou subsistema económico) é concretizada pelas empresas e pela banca; a função de elaboração dos fins G (ou subsistema político) pelas instituições municipais e pela justiça local; a função de integração I (ou subsistema social *stricto sensu*) pelos partidos, pelos sindicatos e pelo setor associativo; a função de manutenção do sistema de valores L (ou subsistema cultural) pelas Igrejas, pelo sistema escolar e pelas instituições de saúde. Uma lista de instituições e de organizações-chave pôde assim ser organizada e os seus dirigentes interrogados. Nesta matéria, o quadro de referência parsoniano permitia confrontar desta forma os representantes das

diferentes elites setoriais e «construir as matrizes de escolha so-
ciométricas que descrevem as relações entre as elites locais». Os
atores «mais centrais» revelaram-se também como «os mais
influentes nos negócios locais» (Degenne e Forsé, 1994, p. 171).
Este modo de análise revela a existência de «três subsistemas
funcionais» evidenciando três categorias de elites especializadas
na coletividade estudada: a elite tradicional, ativa no domínio da
religião e da educação, a elite científica e a elite económica. Estes
três setores de atividade têm «um centro comum» constituído
por «membros notáveis do conselho municipal ou das empresas
mais importantes». Coligações entre os membros das diversas
elites podem fazer-se ou desfazer-se. As coligações «ganhadoras»
são aquelas «cuja soma das reputações de cada um dos seus
membros é a mais importante». Parece bem evidente a existência
de uma ligação «entre notoriedade e capacidade de influência»
(ibid., pp. 172-173).

O CRITÉRIO DA «IMITABILIDADE»

Para que um grupo minoritário, com estatuto elevado, possa
ser qualificado de elite e exercer influência enquanto tal, é importante que, em certa medida, seja imitável. Nadel escreve que,
em teoria, a superioridade de uma certa categoria da população poderia ser reconhecida tacitamente pelo resto da população
sem que isto tenha a mínima importância do ponto de vista da
influência de uns e da recetividade de outros. Em compensação,
a superioridade de uma elite influente deve poder ser percebida
como atingível, pelo menos parcialmente. Por isso, é preciso que
as características que fundamentam a situação preeminente desta
elite sejam julgadas imitáveis e consideradas como dignas de
ser imitadas. (Nadel, 1956, 1990, p. 35). Isto conduz à distinção
entre duas espécies de influência que podem ser exercidas: a influência direta e a influência indireta. Aqueles que beneficiam
do respeito ou da consideração dos outros exercem, por esse
motivo, uma certa influência à sua volta, no sentido em que se
tem em atenção os seus conselhos e se segue as suas diretivas.
Esta influência manifesta-se por ocasião das tomadas de deci-

sões: é o que poderíamos chamar de influência direta. Mas qualquer elite exerce igualmente uma influência difusa, indireta, através dos comportamentos e das atitudes dos seus membros. Estes são observados e imitados por se lhes atribuir uma forma de excelência. «Assim, a elite, pela sua simples forma de pensar e agir, estabelece normas para o conjunto da sociedade; a sua influência – ou o seu poder – reside no facto de o modelo que apresenta ser aceite e considerado como digno de ser seguido» (*ibid.*). Neste sentido, um grupo minoritário que não estivesse em condições de facilitar a introdução de inovações ou, pelo contrário, de tornar a sua aceitação mais difícil não poderia pretender ao estatuto de elite. Qualquer elite estabelecida está em condições de favorecer ou refrear a evolução social.

CAPÍTULO 5

SELEÇÃO, REPRODUÇÃO E CIRCULAÇÃO DAS ELITES

Os critérios de pertença às elites podem ser muito diferentes, desde os laços de sangue à pertença étnica, até ao nível de qualificação ou de desempenho, passando pela adesão a uma fé religiosa ou a uma lealdade ideológica. Resultam daí diferentes elites privilegiando diferentes estratégias de poder. Pareto distingue a este respeito os «leões» que se impõem e se mantêm pela força e as «raposas» que, de forma mais voluntária, recorrem à astúcia (Pareto, 1916, § 2178). Esta distinção ideal-típica sugere o recurso a tipos humanos opostos que não prestam provas da mesma maneira, que não se recrutam pelas mesmas vias e que não se mantêm em preeminência pelos mesmos meios. Na verdade, segundo os casos, a hesitação face ao uso de meios violentos ou, pelo contrário, uma inclinação para a preferência de soluções de força pode ser considerada como o sinal de uma inaptidão para o exercício de funções dirigentes. A estas elites de tipos diferentes correspondem procedimentos de recrutamento distintos que, por sua vez, favorecem a ascensão aos níveis superiores de indivíduos com perfis diferentes. A estabilidade destes procedimentos implica uma situação de equilíbrio social (*ibid.*, § 2034). Este equilíbrio, no entanto, está longe de ser imutável e convém interrogar-se sobre o modo como as elites se comportam a longo prazo. Como conservam ou perdem a sua situação de preeminência? Na medida em que a elite corresponde a uma camada

155

social superior, tendo mais poder e prestígio que o resto da população, todos os pensadores sociais que tendem a perpetuar as situações dominantes jogam a favor da sua reprodução. Contudo, não existe nenhum exemplo de elite que se tenha reproduzido de forma idêntica. Como Pareto observa, «as aristocracias não duram» (*ibid.*, § 2053). Por conseguinte, ele interessou-se pela «circulação das elites» (*ibid.*, § 2042). Sob este vocábulo geral, podem ser distinguidos processos diferentes. Por um lado, existem deslocações no próprio seio da elite ou, noutros termos, à passagem de um setor da elite para outro. Por outro, existem movimentos que se operam entre a elite e o resto da população. Convém introduzir aqui uma nova distinção entre os processos que introduzem os recém-chegados à elite e os processos que terminam na constituição de uma contraelite que se compromete numa luta de poder com a elite existente. Estes diferentes processos serão aqui analisados um a um.

A FORMAÇÃO E A SELEÇÃO DAS ELITES

A formação e a seleção das elites são aspetos cruciais dos regimes democráticos. Uma regra de funcionamento das instituições pode ser orientada num sentido igualitário se assegurar um igual acesso às posições de poder. Com efeito, o poder nunca é distribuído de forma igual, porque existe sempre uma elite que dispõe de mais poder que os outros. Continuamos portanto a lidar, neste caso, com situações de assimetria. Mas o acesso ao poder pode ser generalizado. É por isso que as modalidades de seleção são importantes. Elas podem oferecer possibilidades latas ou, pelo contrário, muito restritivas de acesso ao poder (Eulau, 1976, pp. 22-23).

Quando os laços de sangue ou de pertença étnica são determinantes, podemos esperar que o modo de recrutamento das elites se faça de forma mais ou menos próxima da cooptação. O caso extremo é o das aristocracias do Antigo Regime, onde a simples filiação garantia o acesso legítimo às funções asseguradas pelos membros da geração anterior, assim como aos privilégios que lhe estão associados. Critérios de ordem religiosa, política ou ideológica dão lugar a processos de seleção de tipo particularista que, por vezes, são um obstáculo para o recurso a outros critérios de apreciação. Ter em conta, prioritariamente, o nível de competência ou de desempenho leva à instalação de mecanismos de avaliação do mérito com ambições universalistas. Hoje, nas sociedades modernas diversificadas, notamos uma tendência geral – mais ou menos exagerada, conforme os países – para o recrutamento com base numa certificação formal. Assim, é conferida uma grande importância a certos estabelecimentos de ensino com caráter elitista, como por exemplo as «grandes escolas» francesas, Oxford ou Cambridge e as *public schools* britânicas, a Universidade de Tóquio, as Academias militares americanas ou o Instituto das relações internacionais em Moscovo (Putnam, 1976, p. 109). Esta evolução pode ser relacionada com as capacidades de gestão que, hoje em dia, são esperadas das elites dirigentes. Os domínios de intervenção do Estado multiplicam-se e as matérias a tratar são muito mais complexas do que na época do «Estado-polícia» com competências limitadas. No quadro desta tendência geral, podemos distinguir variantes que oferecem uma abordagem comparativa. Mas, em cada caso, observamos relações nítidas entre o quadro institucional geral e as modalidades de recrutamento das elites.

A LÓGICA DA CERTIFICAÇÃO FORMAL

Foi em França que a lógica do recrutamento com base numa certificação formal foi levada mais longe. A este propósito, falou-se de uma «tripla exceção francesa» na «fabricação do mérito», constituída por três elementos característicos: a importância do diploma inicial, o elevado nível de responsabilidade no início da carreira e, por fim, a passagem fácil da administração pública para o mundo das empresas (Bauer e Bertin-Mourot, 1997, p. 49). Esta situação está ligada à existência de um viveiro de elites ditas «republicanas», mantido pelas «grandes escolas», em particular pela «escola politécnica – ou a X – e pela escola Nacional de Administração, que apenas recruta, seletivamente, por concursos. O sistema do concurso foi objeto de apreciações muito diferentes.

Para uns, trata-se do elemento essencial de um modo de recrutamento meritocrático afastando-se da lógica da reprodução social e de todos os particularismos» (*ibid.*). Para outros, pelo contrário, trata-se de um dispositivo que assegura a perenidade de uma ordem social. Pierre Bourdieu sobre isto escreveu: «O concurso é uma maneira de impor uma espécie de *numerus clausus*, um ato de clausura que instaura entre o último eleito e o primeiro excluído a descontinuidade de uma *fronteira social* ...» (Bourdieu, 1989, p. 141). Seja como for, atualmente considera-se este modo de recrutamento das elites pelas grandes escolas como o resultado do «dualismo» do ensino superior francês. Todavia, é necessário ver que o dualismo contemporâneo é, historicamente, o resultado do eclipse da instituição universitária durante um século (Renaut, 2002, pp. 75-88). Na verdade, a Convenção, considerando a existência das universidades incompatível com os princípios da Revolução, suprimiu-as em 1793. Elas só reapareceram com a III República, no final do século XIX. Neste intervalo impôs-se, «com um vigor sem igual noutros países do mundo» (*ibid.*, p. 76), um tipo de formação baseado nas «grandes escolas», no prolongamento das «escolas especiais» herdadas do Antigo Regime (*ibid.*, pp. 76-77). O papel específico desempenhado pelas grandes escolas na formação das elites administrativas, políticas e económicas apenas se compreende bem se o situarmos no contexto «das estruturas organizadas da elite» (Suleiman, 1979, p. 18). A entrada num dos «grandes corpos» do Estado – seja a Inspeção das finanças, o Corpo das minas, o Corpo das pontes e calçadas, o Conselho de Estado, o Tribunal de Contas – é garantida pelo sucesso dos estudos efetuados nas melhores das grandes escolas, sucesso atestado por uma boa classificação à saída ou, na linguagem dos iniciados, uma posição «entre os melhores alunos» destas escolas. É por intermédio dos grandes corpos do estado que os indivíduos formados por alguns estabelecimentos de ensino superior de acesso restrito, tendo adquirido a aptidão para «ultrapassar os obstáculos cada vez mais difíceis», adquirem «para toda a vida a certeza de fazerem parte da elite» (*ibid.*, pp. 278-279).

A fácil e frequente passagem da função pública para o setor privado tem como resultado o facto de, cada vez mais, uma mesma formação estar assegurada aos altos funcionários do Estado e aos quadros superiores das empresas. Esta situação foi objeto de diversas críticas. Primeiro que tudo, foi possível realçar que a homogeneidade de formação conduzindo ao intercâmbio das elites do aparelho de Estado e do mundo dos negócios tende a criar um «conjunto fechado» (Birnbaum, 1978, p. 187) apresentando as características de um «espaço dirigente tecnocrático», no seio do qual a missão específica do «serviço de Estado» se degrada, pouco a pouco, numa noção de interesse geral cuja ambiguidade se presta às interpretações concorrentes dos grupos em presença (*ibid.*, pp. 84-87). Em seguida, emitimos dúvidas sobre o tipo de formação assim oferecido. Esta tenderia a favorecer, nos espíritos brilhantes, a aptidão para resolver «problemas predefinidos» sobre o modo do desempenho intelectual isolado, negligenciando por completo a aprendizagem do trabalho de grupo, do debate e das trocas com indivíduos que tivessem recebido uma outra formação (Bauer e Bertin-Mourot, 1997, p. 54). De forma mais generalizada, foram emitidas reservas quanto à importância de um diploma inicial prestigioso: «Não existe mais nenhum país do mundo onde o pergaminho do diploma inicial desempenhe um papel tão importante para regular o acesso às elites dirigentes» (*ibid.*, p. 50). Por fim – e esta crítica está ligada à precedente – assinalámos que a atribuição de altas responsabilidades a partir do primeiro posto privilegia uma formação puramente teórica, torna supérfluas as permanências nos degraus intermédios das hierarquias e negligencia o conjunto das experiências prévias, confirmando assim o «papel muito fraco do terreno na deteção de futuros dirigentes» (*ibid.*, p. 51).

A FORMAÇÃO PELAS GRANDES ESCOLAS

Qualquer que seja o juízo elaborado sobre este modo de seleção das elites, a formação assegurada pela Escola Politécnica e pela Escola Nacional de Administração, encarada em termos de carreira, constitui um sucesso incontestável. Observamos uma «impressionante correlação» entre as «carreiras conseguidas» nos níveis superiores, nos domínios administrativo, político e económico, e «os resultados escolares». O desempenho escolar «apreciado pela categoria da classificação à saída destas escolas» constitui um excelente «prognóstico de sucesso profissional» (*ibid.*, p. 49). É oportuno questionarmo-nos sobre o significado deste sucesso. Podemos ver aí a prova da qualidade de uma formação, apesar das críticas evocadas mais acima. Podemos atribui-la a uma forte seleção prévia que só deixa emergir os elementos mais dotados. Podemos ver aí igualmente a consequência das relações sociais que se geram por ocasião da frequência destas prestigiosas grandes escolas. Para alguns comentadores, a seleção prévia é, no mínimo e em parte, o resultado de estratégias parentais que orientam os filhos para as «boas fileiras», a saber, alguns liceus que afixam as melhores taxas de sucesso, prolongadas pelas classes preparatórias nas grandes escolas. Nesta ótica, os percursos melhor sucedidos – assegurando uma boa classificação tanto nos concursos de saída como nos concursos de entrada – seriam menos fundamentados nas qualidades intelectuais do que num certo conformismo que, posteriormente, favorece a criação de redes de relações (Léotard, 2001). Isto não está em contradição com a tese de Raymond Boudon, segundo a qual «os indivíduos comportam-se de maneira a escolher a combinação custo-risco-benefício mais "útil"» (Boudon, 1973, p. 74).

Para Dagnaud e Mehl, o nível de formação desempenha incontestavelmente um papel essencial no acesso às instâncias de decisão reservadas à elite. Todavia, seria errado ver aí uma variável explicativa independente, porque é a própria elite que define o tipo de formação requerida pelos postos de responsabilidade mais elevados. Sobre este assunto, Bourdieu, com o seu habitual gosto pelo sarcasmo, evoca as instituições «que, à maneira das *public schools* inglesas ou de Sciences-Po e da ENA, recrutam, tão evidentemente, de acordo com os melhores procedimentos para assegurarem os alunos já dotados, devido à sua educação familiar, das disposições que elas exigem, que somos obrigados a questionar-nos se, como diziam os Romanos, elas não se contentam em «ensinar o peixe a nadar» (Bourdieu, 1989, p. 101). É assim que, apesar da importância da certificação formal, «as esferas decisionais continuam estreitamente confinadas a um pequeno mundo social» (Bourdieu, 1985, p. 122). Em parte, isto explica-se pelo facto de os alunos saídos de outros meios sociais, que se orientam para as grandes escolas, «deverem assimilar todo um conjunto de conhecimentos e de técnicas que nunca são completamente dissociáveis de valores sociais, por vezes opostos aos da sua classe de origem. Para os filhos de camponeses, de operários, de empregados ou de pequenos comerciantes, a aquisição da cultura escolar é aculturação» (Bourdieu e Passeron, 1964, p. 39) No máximo, os indivíduos saídos das categorias inferiores esperam da formação escolar uma obtenção de estatuto, enquanto, pelo contrário, os que saíram das camadas superiores esperam uma confirmação de estatuto (Boudon, 1973, p. 133).

O trunfo essencial que abre a via para os postos de comando é uma formação geral polivalente. Na verdade, deve tratar-se de uma formação que permita circular entre os diferentes setores da elite, «dos topos administrativos à cabeça dos grandes grupos industriais até às cúpulas do aparelho governamental, sem desdenhar as cristas das instituições culturais» (ibid., p. 124). Nestas condições, uma nítida especialização ou competências puramente técnicas constituiriam uma deficiência de carreira, pois criariam um obstáculo à mobilidade intersetorial e à intercambiabilidade das funções. Uma formação mais especializada permite certamente aceder a algumas posições elevadas, mas que dependem dos escalões intermédios e que confinam os seus detentores a uma «sub-elite» votada a alimentar a elite dirigente em «ideias, propostas, críticas e contestações». Deste ponto de vista, «as esferas dirigentes» são pouco «acolhedoras, mas «particularmente recetivas» (ibid., p. 123). O acesso aos círculos dirigentes não está fechado àqueles que têm uma formação diferente daquela dada pelas grandes escolas, mas estes deverão mobilizar trunfos suplementares – relacionais, políticos – para atingir as cúpulas das diferentes hierarquias. A via política é a que melhor permite aos membros da «sub-elite» infiltrar as fileiras da elite, quer seja pelo desvio do militantismo ou da eleição. Foi assim que a vitória da esquerda, em 1981, se não modificou de forma fundamental a distribuição, permitiu a reinserção nas esferas dirigentes de um pessoal político que havia beneficiado de muito mais influência sob a III e IV República (ibid., p. 126).

No último plano de uma grande estabilidade da elite dirigente, encontram-se variações conjunturais devidas essencialmente às variações de importância dos «caminhos partidários». A chegada da V República significou o reforço da influência dos altos funcionários e a manutenção de uma grande parte do pessoal político na posição de «sub-elite». Depois da mudança de maioria em 1981, tivemos a impressão de ver ressurgir «a república dos professores». No entanto, nada foi modificado no papel dos gabinetes ministeriais, no seio dos quais o papel dos altos funcionários se perpetua, mesmo que estes tenham de dar lugar a outras categorias profissionais (*ibid.*, pp. 127-128). Apesar de mudanças de importância relativamente secundária, «o mundo da decisão, situado na cúpula dos grandes aparelhos industriais, financeiros e administrativos, continua um antro impenetrável para aqueles que não lhe estavam destinados». Na medida em que os membros da «sub-elite» exercem aí uma influência, fazem-no «mais frequentemente sobre desafios parcelares» (*ibid.*, p. 134). A tendência para a emergência de uma «elite do saber» parece pois uma «tendência profunda das sociedades modernas», mas a capacidade da elite estabelecida para definir o saber pertinente leva a pensar que existe, apesar de tudo, interpenetração dos recursos intelectuais, relacionais e materiais.

O RECRUTAMENTO DAS ELITES POLÍTICAS

Segundo Putnam, são cinco os temas importantes que permitem abordarem as questões que o recrutamento das elites políticas levanta em qualquer sociedade: os canais que permitem aos aspirantes ao *leadership* político atingirem o topo, a maneira como são escolhidos e quem os escolhe, os critérios aos quais estes aspirantes devem obedecer, a maneira como os detentores de cargos importantes deixam as suas funções e a frequência com que os cargos são repostos, a maneira como o modo de recrutamento influencia o caráter da elite e a sua política (Putnam, 1976, cap. 3). Exploremos cada um destes temas.

OS CANAIS DE ACESSO À ELITE

Os canais de acesso às funções superiores variam antes de mais na sua permeabilidade. Num extremo, encontramos sistemas hereditários que só têm uma única via para o topo. Está aberta ou fechada em função do nascimento. Outros sistemas, menos restritivos, encontram-se com mais frequência. São sistemas que podemos qualificar de corporativos e que contêm uma longa aprendizagem. Os regimes burocráticos, ou que possuem uma enorme componente burocrática, frequentemente recrutam as suas elites segundo um sistema deste género. É o caso, por exemplo, da alta administração francesa ou dos *civil servants* britânicos de alto nível que são recrutados imediatamente após a sua saída do ensino superior. Os processos de recrutamento que desencorajam a «entrada lateral» para o topo das hierarquias, sem um prévio período nos escalões inferiores, dizem respeito também às elites não administrativas. Segundo Putnam, é sobretudo o caso da Grã-Bretanha, da Alemanha, do Japão, da Itália ou da Noruega, onde poucos políticos atingem o cargo de ministro sem terem sido membros do Parlamento pelo menos durante uma década. Alguns investigadores consideram que os canais de recrutamento permeáveis são mais característicos dos países em vias de desenvolvimento, enquanto a institucionalização e a modernização política requerem sistemas de aprendizagem (Putnam, 1976, pp. 47-48). No entanto, é necessário notar que os Estados Unidos apresentam um dos casos mais notáveis de permeabilidade e de «entrada lateral». Aí, os cargos de nível ministerial são correntemente ocupados por pessoas vindas da indústria, do comércio, do ensino superior e das profissões liberais. Em caso de mudança de governo, estas pessoas regressam ao setor privado, para reaparecerem eventualmente em empregos públicos quando o seu partido voltar ao poder. Os dados disponíveis indicam que existe a constante interpenetração do setor privado e do setor público. Todavia, seria exagerado apresentar o sistema americano como sendo completamente permeável. Existe o que poderíamos chamar de típicas carreiras parlamentares, fundamentadas numa aprendizagem da vida política em empregos públicos ao nível local ou ao nível do governo dos Estados. Os cargos mais influentes do parlamento federal só se alcançam após várias décadas de experiência da vida política (*ibid.*, p. 48). Os canais de recrutamento variam de país para país no que respeita às instituições ou organizações específicas que lhes servem de suporte. Frequentemente, os partidos políticos constituem um viveiro de recrutamento a partir do qual se constroem carreiras ascensionais. A administração pública, para além do seu papel de servidor do Estado, é frequentemente um importante canal de acesso aos cargos políticos mais importantes. A política local é outra fonte de recrutamento, assim como um trampolim que permite aceder às funções mais influentes. É também o lugar onde se constitui, por vezes de forma duradoura, uma base política, uma *constituency*. É particularmente o caso dos partidos de esquerda. Estes partidos devem desenvolver um *leadership* «no terreno», uma vez que têm relativamente pouco acesso às fontes de recrutamento próprias dos partidos de direita: os meios economicamente favoráveis, os prestigiosos estabelecimentos de ensino superior e a administração.

OS PROCESSOS DE SELEÇÃO

Os processos de seleção podem ser quase automáticos ou mais elaborados. Entre os processos quase automáticos, destacaremos o princípio de senioridade que assegura a lealdade a uma determinada ordem institucional e, finalmente, a recompensa. Este princípio, combinado com a lealdade ideológica, desempenhou um grande papel nos sistemas de tipo soviético. Garantiu uma certa estabilidade institucional, mas constitui um travão à adaptabilidade do sistema, como a história dos últimos anos da União Soviética demonstrou. Os processos mais elaborados comportam mecanismos de seleção. Estes são frequentemente controlados pelas instâncias dirigentes dos partidos políticos. Num regime totalitário como foi o soviético, um sistema de seleção muito particular foi instaurado: o sistema da *nomenklatura*. Existiam, a vários níveis, listas – ou nomenclaturas – dos cargos influentes, para os quais era requisitada a aprovação de uma instância do Partido. Tratava-se de assegurar a lealdade política das pessoas selecionadas, qualquer que fosse, aliás, o seu domínio de atividade particular (Voslensky, 1980). Nas sociedades pluralistas, os aparelhos dos partidos também desempenham um papel na seleção dos candidatos aos cargos políticos. De acordo com a importância do cargo, a seleção poderá ser feita por assembleias de militantes ou pelas instâncias nacionais dos partidos. Estes procedimentos internos dos partidos políticos – se bem que sejam considerados pelos diferentes partidos como um sinal de democracia interna – foram alvo de numerosas críticas. Foi-lhes criticado o facto de atribuírem uma influência exagerada aos comités que, no final de contas, apenas representavam uma fração ínfima da população. É verdade que reduzem consideravelmente o impacto dos procedimentos eleitorais canalizando os votos expressos para as listas cuja ordem de representação havia sido previamente determinada. (Putnam, 1976, pp. 53-55)

OS CRITÉRIOS DE SELEÇÃO

Os critérios de seleção das elites variam de acordo com as épocas e as culturas. Estes critérios são muito reveladores do que é considerado importante numa determinada sociedade. Uma distinção essencial, a este respeito, é a distinção entre critérios de atribuição (*ascription*) e critérios de desempenho (*achievement*). As sociedades tradicionais tendem a valorizar características herdadas ou atribuídas. A escolha é feita mais *pelo que se é* do que *pelo que se faz*. Nas sociedades modernas, os talentos e os desempenhos contam em princípio muito mais e só os critérios universalistas são considerados de aplicação legítima. Todavia, na prática assistimos sempre a uma combinação de características herdadas e de características adquiridas, na medida em que os talentos procurados são muitas vezes fruto de um modo de educação que só as classes privilegiadas podem oferecer. Em cada sociedade, são os talentos considerados mais importantes que fornecem os critérios de recrutamento das elites. Cada vez mais, nas sociedades modernas, as competências técnicas são apreciadas, o que, aliás, torna cada vez mais problemático o controlo democrático das elites armadas de competências inacessíveis ao comum dos mortais. No entanto, valorizam-se outros talentos que vêm contrabalançar, de certa forma, o peso das competências técnicas. Trata-se, em primeiro lugar, de talentos de gestor e de organizador, em seguida talentos de comunicador assegurando uma aptidão para persuadir e fazer aceitar medidas que não são sempre diretamente compreensíveis. A este respeito, duas formas de «gestão das relações» podem ser distinguidas: a que assenta no contacto com pequenos grupos de colegas e a que tem a ver com o contacto com grandes grupos de pessoas que não possuem necessariamente o mesmo tipo de formação. Quer se trate de elites do mundo dos negócios ou de elites políticas ou administrativas, observamos em geral uma importante proporção de pessoal que tem formação em direito. Tendo verificado a elevada percentagem de advogados nas elites políticas, Max Weber via aí, ao mesmo tempo, uma questão de competências e uma questão de disponibilidades. Os advogados beneficiam de competências especializadas em matérias legislativas e o exercício da sua profissão exige talentos de comunicação e de persuasão. Por outro lado, podem deixar as suas ocupações profissionais com mais facilidade do que outros, para exercer um mandato político. De igual modo, podem regressar à sua profissão mais depressa do que os outros, se tal se revelar necessário. (Putnam, 1976, p. 59).

OS PRAZOS DE ACESSO À ELITE

O tempo necessário para aceder à elite política e o ritmo de substituição das elites variam muito de país para país. Todavia, duas regras gerais são observáveis. Primeiro, um rápido ritmo de acesso e de renovação está geralmente associado a um período de crise. Um ritmo mais lento, pelo contrário, está regra geral associado a um período de estabilidade institucional e de tranquilidade política e social. A seguir à Segunda Guerra Mundial, a elite política francesa deu lugar, em pouco tempo, a numerosos novos membros. As novas elites estabilizaram-se pouco a pouco e o seu ritmo de substituição baixou consideravelmente. Com a chegada da V República, o ritmo de acesso e de substituição acelerou-se de novo, marcando assim um novo período de crise política. De forma correlativa, o ritmo de substituição de uma elite institucional tende a abrandar à medida que a instituição envelhece. Estatísticas relacionadas com o *Congress* – a câmara baixa do parlamento federal – nos Estados Unidos mostram que a percentagem de novos eleitos na sequência de eleições passa de 50 % em 1850 para 15 % em meados do século XX. Na sequência desta ligação entre o *turnover* – a frequência e o ritmo de substituição – e a idade de uma instituição, constatamos um ritmo de renovação muito mais rápido nos regimes «jovens» dos países em vias de desenvolvimento do que nos regimes parlamentares estabelecidos há mais tempo. Do mesmo modo, após uma perturbação revolucionária que provoca uma forte aceleração do ritmo de substituição das elites, assiste-se a uma fase de estabilização marcada por um abrandamento deste ritmo. A URSS pós-estalinista – sobretudo na época brejneviana, dita de «estagnação» – e a China atual oferecem exemplos evidentes desta evolução, chegando até a consagrar o poder de verdadeiras elites gerontocráticas (Putnam, 1976, pp. 65-66).

O ritmo de substituição das elites políticas está relacionado com o modo de funcionamento das instituições. Em muitos casos, um ritmo rápido pode ser associado a um aumento da recetividade à inovação. No entanto, seria erróneo fazer disso uma regra e seria mais prudente dizer – como se disse outrora, ao comparar os Estados Unidos e a URSS – que o rápido ritmo de mudança não garante a evolução, mas facilita-lhe a tarefa. Seja como for, um fator exerce uma influência em sentido contrário. De facto, quanto mais rápido é o ritmo de mudança, menos experiência se acumula entre as elites. Isto leva a dizer que os dirigentes que têm novas ideias não são necessariamente os que estão em condições de colocar estas ideias em prática. Quando o ritmo de substituição das elites é diferente em setores diferentes – como por exemplo o poder executivo e o poder legislativo – isto constitui uma fonte de tensões recorrentes no seio de um dado sistema sociopolítico. Por fim, é preciso acrescentar que quanto mais rápido é o ritmo de substituição das elites políticas, maior é o número de pessoas que tem a possibilidade de aceder a postos de responsabilidade. Este facto é geralmente considerado como um elemento favorável ao funcionamento democrático das instituições. Autores clássicos como Pareto e Mosca, no entanto, viram na abertura aos recém-chegados uma maneira de cooptação de uma elite potencial pela elite estabelecida, quer dizer, uma forma de neutralizar o risco de questionamento da elite estabelecida por uma contraelite. Todavia, a consciência mais ou menos nítida da existência de uma tendência geral para a oligarquia obrigou, com frequência, a limitar a duração dos mandatos e a colocar limites estritos à sua renovação. Desta forma, consequentemente, é o ritmo de substituição que é acelerado. Assim, vemos dois objetivos parcialmente contraditórios defrontarem-se: por um lado, o desejo de beneficiar da experiência de pessoas no lugar há longa data, por outro, a vontade de não deixar a experiência e o sentido político asfixiar as aspirações democráticas e inovadoras (Putnam, 1976, pp. 65-69).

OS MODOS DE RECRUTAMENTO E AS CARACTERÍSTICAS DA ELITE

Os modos de recrutamento das elites influenciam o jogo das instituições em diversos pontos de vista. Prioritariamente, devemos observar um *elemento de seleção*. Não são utilizados sempre os mesmos critérios para decidir quais as carreiras ascendentes que devem ser encorajadas e quais as que devem ser bloqueadas. Critérios bastante diferentes, como a competência técnica, o talento oratório ou o caráter telegénico podem desempenhar o seu papel. Uma diferença interessante é, todavia, a que opõe os sistemas de seleção internos aos sistemas externos. Os autores americanos que compararam os procedimentos de seleção americanos e britânicos viram aí a oposição de uma *seleção interna* e de uma *seleção externa*, conduzindo a seleção interna, segundo eles, à experiência acumulada, mas também ao conformismo e a uma prudência por vezes excessiva, enquanto a seleção externa, facilitando a introdução de novas ideias, dá conta de uma certa dose de desordem e até, em certos casos, de amadorismo. Os modos de recrutamento não são, contudo, apenas mecanismos de seleção; formam igualmente uma estrutura de oportunidades e de incitamentos. Pressionam, desde logo, os dirigentes a comportarem-se de uma certa forma. Aqueles que sabem que a continuidade da sua carreira será baseada na eleição têm um estímulo muito forte para se preocuparem com opiniões, atitudes e votos dos eleitores.

Mas o processo comporta também um elemento de socialização antecipada. Os políticos em ascensão para os cargos mais elevados tendem a antecipar as preocupações e as exigências ligadas ao nível superior ao seu. Num sistema em que o futuro político depende não da sanção eleitoral mas da boa vontade das elites já estabelecidas, os ambiciosos compreendem que devem cultivar os favores daqueles que estão acima de si e não daqueles que estão abaixo. A maneira como se deixam os cargos de poder exerce igualmente um papel na maneira como as funções são exercidas. Sobre este assunto, podemos distinguir *os sistemas de riscos fracos* e os *sistemas de altos riscos*. Nos sistemas de riscos fracos, o fim – obrigado ou não – de um mandato político pode ser compensado pela concessão de um cargo de responsabilidade num outro domínio de atividade, por vezes também muito prestigioso. Nos sistemas de altos riscos, a perda de poder pode gerar a morte social, até mesmo a execução. Como é óbvio, um movimento de natureza revolucionária pode transformar um sistema de riscos fracos num sistema de altos riscos à custa das elites estabelecidas que são varridas pelo movimento. Para Robert Michels, uma das fontes da oligarquização dos movimentos operários reside nos elevados custos ligados ao fim de um mandato eletivo no seio da organização. Com efeito, os ex-dirigentes só deveriam ser confrontados com uma perda notável de estatuto e de rendimentos. Resumindo, os modos de recrutamento das elites políticas têm também um *efeito de socialização* sobre os recém-chegados. O processo de competição para os cargos de responsabilidade, relativamente raros, inculca nos futuros dirigentes modos de comportamento. O que é inculcado, primeiro, são as maneiras de se comportar que asseguram a ascensão na hierarquia. Mas tendo sido adquiridas estas normas de comportamento, tornam-se normas de conduta para aqueles que atingiram o topo. Uma notável diferença entre as elites francesas e britânicas tem a ver, em parte, com as suas respetivas socializações nos estabelecimentos de ensino superior de estilos muito diferentes. Na verdade, a formação recebida em Oxford ou em Cambridge – a formação «Oxbridge» – é uma formação de caráter humanista, enquanto as grandes escolas que constituem o viveiro das elites francesas são estabelecimentos de caráter tecnocrático. No entanto, as elites francesas e britânicas, apesar das suas diferenças, têm algo em comum que as separa das elites americanas, porque estas têm uma formação muito mais diversificada. De resto, o efeito de socialização é muito mais nítido quando a ascensão social é feita no seio de um mesmo sistema político-administrativo do que quando teve lugar em contextos organizacionais diferentes. As elites políticas e administrativas europeias são muito mais estáveis e estão muito melhor preparadas que as suas homólogas americanas (Putnam, 1976, pp. 69-70).

A maior ou menor aptidão para se submeter aos procedimentos de seleção deve ser relacionada com as motivações dos futuros membros da elite política para atingir os cargos de direção mais altos. Sobre este assunto, Harold Lasswell formulou uma proposta geral cuja tonalidade está muito em harmonia com as conceções paretianas. Para Lasswell, as motivações de uns e outros são do domínio privado. Estas motivações pessoais e privadas são então aplicadas a objetos públicos. De seguida, são racionalizadas em termos de interesse geral (Lasswell, 1948). No entanto, as motivações pessoais são inseparáveis de uma certa conceção do mundo que lhes dá um sentido. As ideias gerais que dizem respeito ao funcionamento da sociedade desempenham um papel a este respeito. Podemos fundamentar-nos numa imagem essencialmente conflituosa do mundo ou, pelo contrário, numa representação harmoniosa. A maneira de conceber os processos de tomadas de decisão e de nelas participar depende dela estreitamente. Os *conflitualistas* consideram que não é possível favorecer alguns interesses sem sacrificar outros; estão psicológica e ideologicamente preparados para efetuar este género de escolha. Os *consensualistas*, pelo contrário, são da opinião de que o sentido político deve permitir precisamente ultrapassar os conflitos de interesses e chegar a conclusões que satisfaçam toda a gente. Com maior frequência, os dirigentes orientados para o conflito consideram-se os representantes e os defensores de grupos há muito tempo desfavorecidos, cujos interesses devem ter prioridade sobre outros. Pelo contrário, os dirigentes que cultivam uma conceção harmoniosa da realidade social tendem a pensar que qualquer reivindicação particularista prejudica o que eles consideram de interesse geral mas que, muitas vezes, é do interesse de grupos dominantes de longa duração que tendem a universalizar – frequentemente de boa-fé – as suas conceções e os seus próprios interesses. Parece que os governos estáveis e recetíveis às diferentes influências que podem influenciar os seus programas são compostos por dirigentes que têm uma conceção equilibrada do papel do conflito e do consenso na sociedade em que operam. (Putnam, 1976, pp. 72-81).

AS CONFIGURAÇÕES DE ELITES E A SUA EVOLUÇÃO

Segundo Field *et al.*, as diversas configurações de elites, de que tratámos no capítulo 4, são geralmente duradouras; apenas evoluem a longo prazo (Field *et al.*, 1990). Transformações de elites produzem-se, todavia, e dão conta das transformações políticas mais importantes. A passagem de elites desunidas para elites unificadas por consenso pode produzir-se de duas formas. A primeira é o acordo entre elites, pelo qual as elites em conflito endémico reorganizam as suas relações e negociam compromissos sobre os seus pontos de desacordo mais importantes. Desta forma, chegam a uma unidade consensual e lançam as bases de um regime representativo estável. O acordo constitucional que coroou a «transição democrática» na Espanha pós-franquista oferece um exemplo. A outra forma de passagem da desunião para a união consensual é a convergência de elites. Várias fações em competição conflitual descobrem as vantagens de uma larga coligação permitindo-lhe mobilizar o apoio eleitoral de uma maioria estável de eleitores e proteger, assim, os seus interesses contra as fações hostis ou dissidentes, controlando o poder executivo. Sucessivos insucessos eleitorais podem convencer as elites reduzidas de que, para evitar a exclusão permanente do poder, devem moderar as suas posições políticas e ideológicas respetivas e assegurar um largo assento eleitoral. Uma tal moderação enche, pouco a pouco, o fosso ideológico que caracteriza as elites desunidas e todas as importantes fações atingem progressivamente um consenso no que diz respeito às regas do jogo e ao valor das instituições existentes, prosseguindo a sua competição na base de um «espírito político moderado». Encontramos exemplos deste processo na Dinamarca e na Noruega, durante o primeiro terço do século XX, quando as elites radicais dos partidos socialistas e dos sindicatos moderaram as suas posições para pôr fim à dominação das elites liberais e conservadoras. A transformação das elites da desunião em unidade ideológica só se produz por meio de revoluções. Elites dissidentes que se agarram ao poder, liquidam politicamente ou fisicamente as antigas elites, centralizam a atividade política no partido ou no movimento que dirigem e impõem a sua ideologia como único quadro de referência para a atividade política. Os exemplos são a Rússia (1917-1921), a Itália (1922-1926) e a Alemanha (1929-1933). Do ponto de vista da teoria das elites, se nos referirmos aos textos de Pareto, as revoluções substituem simplesmente uma elite por outra. Para Field e os seus colaboradores, há algo mais que deve ser acrescentado a esse respeito. As revoluções não provocam apenas um processo de circulação das elites; podem resultar na transformação de uma configuração de elites numa outra configuração, diferente da precedente, a saber, a passagem da elite desunida para uma elite ideologicamente unificada. Neste caso, o resultado é um regime estável não representativo que só pode evoluir por meio de uma nova transformação da configuração, quer seja provocada por um processo interno ou por uma intervenção exógena (Field, *et al.,*1990, pp. 161-162).

OS MOVIMENTOS NO SEIO DA ELITE

As passagens individuais de um setor para outro da elite – entre a administração pública e o mundo dos negócios, por exemplo – podem ser o resultado de uma homogeneidade de formação ou de um consenso de valores. Neste caso, são o indício de uma forte coesão da elite dirigente e contribuem também para a manutenção e o reforço desta coesão. A circulação interna na elite pode então ser considerada como uma verdadeira estratégia adaptativa (Birnbaum, 1978, p. 81; Suleiman, 1979, p. 88). Para

172

traduzir esta adaptação nos termos de Pareto, «a elite governamental está num estado de transformação lenta e contínua. Corre como um rio» (Pareto § 2056). Esta lenta adaptação através dos recursos internos da elite procede de um fenómeno global de reprodução social, visto que não implica nenhuma injeção massiva de elementos externos. Mas acontece que estas passagens intersetoriais, longe de serem de natureza puramente conjuntural, trazem pelo contrário a marca de uma mudança de regime. Comparações feitas sobre a Hungria, a Polónia, a República Checa e a Alemanha de Leste mostram que, após a queda dos regimes de democracia popular, um importante número de ex-membros da *nomenklatura* adquiriu rapidamente títulos de propriedade e transformaram-se em empresários capitalistas. Quando os antigos quadros dos regimes comunistas se transformaram em capitalistas pela aquisição de títulos de propriedade, apropriaram-se, sem grandes problemas de ideologia liberal, da supremacia das forças do mercado. Para as elites económicas – os *gestores* das empresas do Estado em vias de privatização –, tratava-se de substituir o controlo *de facto* de um bem público pela apropriação privada. Mas a ironia da história quis que fossem os antigos dirigentes *políticos* do comunismo que tiveram mais instigadores a manterem a sua posição privilegiada pela transferência de propriedade porque não tinham o controlo *direto* do aparelho económico (Windolf, 1998, pp. 369-370); Coenen-Huther, 2000 pp. 142-143).

A INTRODUÇÃO DE RECÉM-CHEGADOS NA ELITE

Para Pareto, estes movimentos de ascensão social, que abrem a elite a recém-chegados, devem ser relacionados com a repartição dos resíduos nas diferentes categorias da população. Para Pareto, «os resíduos não estão espalhados de igual modo, nem possuem forças iguais, nas diversas camadas de uma mesma sociedade» (Pareto, § 1723) . Em certos momentos da história, inicia-se um fenómeno de decadência que ameaça uma elite dirigente a partir do interior; as «proporções de resíduos» que serviram «para se apoderar do poder e para o conservar» modificam-se.

Desde logo, a preeminência da elite em questão está subordinada a um duplo movimento: por um lado, a contribuição de «famílias que vêm das classes inferiores, que lhe trazem a energia e as proporções de resíduos necessários à sua manutenção no poder», por outro, «a perda dos seus membros mais enfraquecidos». Se um destes movimentos se interrompe, ou se os dois se interrompem, «a parte governante encaminha-se para a ruína». (*ibid.*, § 2054, § 2055). Para Pareto, somos assim confrontados com um movimento de vasos comunicantes que assegura um equilíbrio incessantemente renovado. Quando este movimento adquire grande amplitude e quando se acumulam «elementos superiores nas classes inferiores» e «elementos inferiores nas classes superiores», assistimos então a «uma perturbação do equilíbrio» (*ibid.*, § 2055), que só se reduz com a reconstrução de um equilíbrio sobre novas bases. Esta forma de circulação das elites obedece, em certa medida, à lei da oferta e da procura. Pareto, sobre este assunto, assinala que as circunstâncias podem exigir um aumento ou uma redução do efetivo de uma categoria de indivíduos. Um país que atravessa um longo período de paz terá necessidade «de poucos soldados na classe governante» (*ibid.*, § 2044). Em contrapartida, uma situação de guerra ou de tensões internacionais colocará em evidência as carreiras militares. Marie Kolabinska, uma aluna de Pareto em Lausana, cita a este respeito o período da Guerra dos Cem Anos e a época das Cruzadas. Durante o período da Guerra dos Cem Anos, escreve ela, «vemos o valor guerreiro recompensado pela elevação das classes inferiores às classes superiores» (Kolabinska, 1912, p. 30). Na época das Cruzadas, «vemos a todo o momento homens de armas de origem servil feitos cavaleiros e providos de feudos» (*ibid.*, p. 32). No século XX, Charles Wright Mills, depois de ter demonstrado a influência crescente dos militares na «elite do poder» americano, liga esta evolução às exigências da Segunda Guerra Mundial, primeiro, e às da guerra fria, em seguida (Mills, 1969).

A CONSTITUIÇÃO DE UMA CONTRAELITE

Os fenómenos de mobilidade social, que permitem a elementos das categorias inferiores ou médias aceder à elite, podem ser de natureza individual. Existe uma espécie de «infiltração» gradual da classe dirigente pelos recém-chegados. Estes, segundo o ponto de vista, serão considerados com simpatia ou admiração como *self-made men* que oferecem a prova da fluidez da estratificação social ou, com desdenho ou desprezo, como «novos-ricos» que não possuem os códigos do meio social no qual se imiscuíram. Mas existem fenómenos de ascensão social de grandeza mais massiva. É o que acontece com os legistas, categoria social ascendente cuja importância se manifesta desde o século XIV, sob o reinado de Filipe o Belo. Os legistas entraram em competição com as elites tradicionais, a nobreza e o clero, e acabaram por ocupar, ao serviço do rei, um lugar preponderante no Estado. Segundo Kolabinska, trata-se «de uma coletividade nova que vem ocupar um lugar na elite». Eram geralmente de origem humilde, mas tinham qualidades eminentes e, se «a realeza os defendia, a nobreza guerreira, e mais ainda o clero, combati-os com todo o seu poder» (Kolabinska, 1912, pp. 36-38). Assim surgiram os novos critérios de justificação da preeminência: a laicidade, a competência jurídica e o serviço do Estado.

Quando – para além das lutas de poder no seio da elite – um movimento de emancipação modifica a relação de forças entre as diferentes componentes de uma população heterogénea, novos critérios de acesso à preeminência – religião, etnia, língua – são reconhecidos como legítimos. Assiste-se então à emergência de novas elites abalando o monopólio das elites estabelecidas. Quando estas transigem com os seus novos rivais, assiste-se a um processo de diversificação da elite refletindo a aceitação da natureza compósita da sociedade em questão. Se as elites estabelecidas recusam esta acomodação, por princípio, por cegueira ou por medo, os tempos estão preparados para uma rutura de natureza revolucionária.

OS ACONTECIMENTOS DE NATUREZA REVOLUCIONÁRIA

As revoluções só constituem um caso particular das ruturas de equilíbrio, de que fala Pareto. Para retomar a metáfora do rio, é o momento em que perturbações particularmente vivas fazem sair o rio do seu leito e provocam uma inundação. Mais tarde, uma nova elite governamental recomeça a evoluir de forma lenta e contínua: «o rio, reentrando no seu leito, corre de novo regularmente» (Pareto, 1916, § 2056). Tais ruturas bruscas podem produzir-se pela «desaceleração da circulação da elite». Marie Kolabinska assinala esta desaceleração no século XVIII, nos anos que precederam a Revolução, por comparação com os tempos mais antigos em que a circulação entre as classes era mais forte do que geralmente temos tendência para imaginar: «O espírito oligárquico, que se manifesta por obstáculos que se opunham à elevação das pessoas provenientes das camadas inferiores da sociedade, parece ser mais forte no tempo mais próximo da Revolução» (Kolabinska, 1912, p. 103). Nestas circunstâncias, um crescente número de membros da elite já não possuía «os resíduos capazes de os manter no poder». Nas camadas sociais inferiores, pelo contrário, um crescente número de indivíduos possuía os «resíduos necessários para governar». Os primeiros renunciam a usar a força; os segundos estão dispostos a utilizarem-na. Pareto observa que «o efeito não segue imediatamente a causa». Geralmente, produz-se uma discrepância entre a situação carregada de consequências revolucionárias e a própria explosão revolucionária. Uma «classe governante» que se manteve muito tempo no poder pela força pode subsistir ainda renunciando ao uso da força; pode «comprar a paz aos seus adversários», não só pagando mas também distribuindo honras (Pareto, 1916, § 2057-2059). Pareto é cético quanto à eficácia, a longo prazo, desta estratégia: «guarda-se o poder com a ajuda de muitas concessões e imagina-se que é possível fazê-lo indefinidamente». Sucedem-se os exemplos que procuram demonstrar que esta esperança é ilusória. O Império Romano, em decadência, «comprava a paz» aos Bárbaros até à queda final. Luís XVI, de concessão em concessão, acabou por sucumbir. A aristocracia inglesa prolongou o seu poder da mesma forma, no século XIX, «até à aurora da sua decadência», no início do século XX (ibid., § 2059).

Este «afastamento temporal» assinalado por Pareto junta-se ao diagnóstico de Tocqueville sobre a Revolução Francesa, mesmo sendo este expresso noutros termos. Para Tocqueville, a rutura

A história, cemitério das aristocracias

§ **2053.** As aristocracias não duram. Sejam quais forem as causas, é incontestável que depois de um certo tempo elas desaparecem. A história é um cemitério de aristocracias. O povo ateniense constituía uma aristocracia em relação ao resto da população, metecos e escravos. Desapareceu sem deixar descendência. As diversas aristocracias romanas desapareceram. As aristocracias bárbaras desapareceram. Onde estão, em França, os descendentes dos conquistadores francos? As genealogias dos lordes ingleses são muito exatas. Subsistem pouquíssimas famílias descendentes dos companheiros de Guilherme o Conquistador; as outas desapareceram. Na Alemanha, a atual aristocracia é em grande parte constituída pelos descendentes dos vassalos dos antigos senhores. A população dos Estados europeus aumentou enormemente desde há muitos séculos até ao presente. Ora, é certo, muito certo mesmo, que as aristocracias não cresceram na mesma proporção.

Vilfredo Pareto, *Traité de sociologie générale*, trad. fr., in *Oeuvres complètes*, tomo XII, Genebra, Droz, 1968 (1.ª ed. italiana, 1916).

revolucionária apenas traduz, em termos políticos e institucionais, uma mudança que já se tinha operado há muito tempo nos factos. No final do século XVIII, a nobreza usufrui ainda da aparência do poder, mas a realidade do poder escapou-se-lhe devido à aliança da monarquia com a burguesia ascendente: «Encontramos ainda no século XVIII grandes senhores que carregam o nome de governadores de província», mas é o intendente que detém o real poder. Aos olhos da aristocracia, os intendentes eram «os representantes de um poder intruso, homens novos, encarregados do governo dos burgueses e dos camponeses... No entanto, estes homens governavam a França». Tocqueville descreve-nos, assim, duas elites concorrentes que se defrontam, uma ganhando progressivamente terreno sem beneficiar de gratificações simbólicas em relação à sua potência crescente, a outra agarrando-se aos seus privilégios e recusando a estratégia de abertura que teria estimulado a circulação de elites (Tocqueville, 1856, 1952, p. 110). Nas palavras de Pareto, «elementos superiores» – traduzamos: elementos de elite – foram-se acumulando nas camadas inferiores da sociedade e os movimentos ascensionais que se produziram nos séculos precedentes tornaram-se insuficientes para assegurar o equilíbrio social. Pelo contrário, a acumulação de elementos inferiores na antiga elite – a nobreza – estava «provada pela decadência de um grande número dos seus membros, caídos na necessidade, miseráveis, ou apenas mantendo o brilho da sua classe graças às liberalidades do rei; estes são indivíduos que teriam caído nas classes inferiores se não tivessem sido mantidos, artificialmente, na elite.» (Kolabinska, 1912, pp. 111-112).

OS «ESPECULADORES» E OS «QUE VIVEM DOS RENDIMENTOS»

Para Pareto, a mudança social e a circulação das elites são largamente influenciadas pelas influências, em sentidos diversos, exercidas pelas pessoas que tiram os seus proveitos da terra ou da poupança e pelos empresários. Estas duas categorias de indivíduos, escreve Pareto, são geralmente confundidas, na linguagem corrente, sob o nome de capitalistas, enquanto uns e outros têm interesses por vezes muito diferentes. O empresário tem interesse em que o proveito da poupança e dos capitais arrendados seja mínimo, enquanto o preço dos bens que ele produz seja o mais elevado possível. O detentor de poupança ou de uma renda, pelo contrário, tem interesse em que os preços das mercadorias sejam os mais baixos possíveis e o rendimento da poupança o mais elevado possível (Pareto, 1916, § 2231). Sociologicamente falando, estamos perante dois tipos sociais contrastantes. Os empresários são geralmente pessoas aventureiras, abertas à novidade em todos os domínios; neles, «o instinto das alianças» está bem desenvolvido. Os simples possuidores de poupança, pelo contrário, são frequentemente pessoas «tranquilas, tímidas», a quem a mudança não entusiasma porque sabem que estão votados a suportar os seus prejuízos (*ibid.*, § 2232).

Esta oposição ideal-típica conduz Pareto a uma classificação dicotómica mais geral. Na categoria dos «especuladores», coloca todas as pessoas «cujo rendimento é essencialmente variável e depende da habilidade que têm para encontrar fontes de lucro»: empresários, possuidores de ações, especuladores imobiliários, especuladores da Bolsa, banqueiros que tiram proveito dos empréstimos do Estado e dos créditos, assim como todas as pessoas que dependem destes e tiram vantagem das suas operações (*ibid*, § 2233). Na categoria dos que «vivem dos rendimentos», são então alinhadas «as pessoas cujo rendimento é fixo, ou quase fixo, e, consequentemente, pouco depende das alianças engenhosas que se possam imaginar»: possuidores de poupança, beneficiários de rendas vitalícias ou de pensões, detentores de títulos de rendimento fixo, proprietários de imóveis e de terrenos estranhos à especulação e, por fim, os agricultores, os operários e os empregados que dependem destas pessoas (*ibid.*, § 2234, 2235). Os especuladores são indivíduos nos quais predominam os resíduos da primeira classe: o instinto das alianças. Estão na base da mudança económica e social. Nos que vivem dos seus rendimentos, pelo contrário, predominam os resíduos da segunda classe: a persistência dos agregados. Estes constituem «um forte elemento de estabilidade». Uma sociedade equilibrada é uma sociedade onde nem uma nem outra destas duas categorias predomina em exclusividade (*ibid.*, § 2235). Os especuladores não são, de modo algum, indivíduos que «põem em prática propósitos perversos»; são pessoas que «se preocupam simplesmente com os seus negócios e nas quais os resíduos da primeira classe são fortes».

As diferentes dosagens de especuladores e daqueles que vivem dos seus rendimentos – noutros termos, dos indivíduos em que predominam resíduos da primeira ou da segunda classe – na classe dirigente dão conta de um estilo de governo. Segundo Pareto, encontramos na classe governamental indivíduos (A) que trabalham honestamente ao serviço de fins ideais e indivíduos (B) que estão mais orientados para a defesa ou promoção de interesses. Entre os últimos, encontramos indivíduos (B-α) que desfrutam do poder e das honras, procurando para os seus clientes vantagens materiais, e indivíduos (B-β) que só pensam em vantagens materiais para si e para os seus clientes. Nos (A), são os resíduos da segunda classe que prevalecem nitidamente: chamamos a estas pessoas «honestas, fanáticas, sectárias, segundo o ponto de vista pelo qual os consideramos». Nos (B), são os resíduos da primeira classe que predominam; «é por isso que estas pessoas estão mais aptas a governar» (*ibid.*, § 2254, 2268).

Pareto distingue duas espécies de governos: os que usam principalmente a força, quer se trate da força material ou da força de certos sentimentos, religiosos ou outros, e aqueles que usam principalmente o artifício e a astúcia utilizados para agir sobre sentimentos ou sobre interesses. Quando os governos se apoiam antes de mais na força, os resíduos da segunda classe – persistência dos agregados – predominam sobre os da primeira na classe governante. Estamos a falar de governos que não estimulam a vida económica, quer seja por repúdio de maneira geral face à novidade, quer seja por não favorecerem as pessoas animadas do instinto das alianças económicas. Neste cenário, a circulação das elites é sobretudo lenta. O ideal dos governos deste tipo é «uma nação imobilizada nas suas instituições». Pareto cita, a este propósito, «Esparta, Roma do tempo do Baixo-Império, a Veneza decadente» mas, no século XX, a União Soviética deu o exemplo de uma sociedade em grande parte imobilizada durante sete dezenas de anos. Quando os governos se apoiam antes de mais no artifício e na astúcia, são os resíduos da primeira classe que predominam na classe governante. Para agir desta forma de maneira eficaz – quer se trate de influenciar os sentimentos ou os interesses –, é preciso, com efeito, «possuir o instinto das alianças em alto grau e não ter demasiados escrúpulos».

Na sua forma moderna, estes governos são governos de «especuladores», no sentido que Pareto dá a este termo. Neste caso, a circulação das elites «atinge um máximo» (*ibid.*, § 2274-2276). Nesta base, Pareto sugere movimentos de circulação das elites que se combinam com os ciclos económicos. Os períodos de aumento rápido da prosperidade económica são favoráveis aos «especuladores» que enriquecem e penetram na classe governante. Estes períodos são, pelo contrário, desfavoráveis aos «detentores» de rendimentos fixos», ou quase fixos, cujo papel declina na classe governante. Movimentos inversos observam-se nos períodos de estagnação económica. Se a tendência geral está na aceleração do progresso económico e se os períodos de prosperidade crescente levam de vencida os períodos de estagnação, a classe governante atrai cada vez mais «especuladores». Estes reforçam os resíduos da primeira classe, isto é, o instinto das alianças. Em contrapartida, a proporção «dos que vivem do seu rendimento» reduz-se, provocando deste modo um enfraquecimento dos resíduos da segunda classe: a permanência dos agregados. Esta mudança na composição da classe governante tem efeitos cumulativos: incita ao dinamismo económico e provoca um crescimento da prosperidade. Neste momento, «surgem novas forças que neutralizam o movimento». Um processo inverso pode ser esperado quando predominam os períodos de estagnação económica (*ibid.*, § 2310, 2311).

Descrevendo os tipos sociais «dos que vivem dos seus rendimentos» e do «especulador», Pareto sugere, com vigor, que o processo cíclico de circulação das elites é reforçado por um processo de reprodução das elites. Os «que vivem dos rendimentos», neste aspeto, apenas desempenham um papel apagado: na verdade são «muito fáceis de governar e também de espoliar». Em compensação, os «especuladores», descritos por Pareto, surgem como pessoas audaciosas e hábeis. «Aparentemente, submetem-se sempre a quem dispõe da força; mas trabalham por baixo e sabem deter a realidade do poder, enquanto os outros só aparentemente o detêm». Desta forma, sobrevivem a todas as mudanças de regime: «se a trovoada ribomba, curvam a cabeça sob a rajada, mas levantam-na logo que ela passou». Assim, é notável a sua capacidade de adaptação às novas realidades. «As suas opiniões são sempre as que lhes são mais proveitosas no momento: conservadores no passado, são demagogos no presente, no futuro serão anarquistas, por muito longe que estes estejam de se apossar do poder» (*ibid.*, § 2313). Todavia, não mais do que os «que vivem dos seus rendimentos», os «especuladores» não têm experiência no uso da força. Além dos «que vivem dos rendimentos», excessivamente prudentes, e os «especuladores» que não recuam perante o risco, é necessário ter em conta «os elementos que sabem e querem fazer uso da força, e nos quais existem as poderosas persistências dos agregados». Estes últimos varrem o poder dos «especuladores» ou, mais em geral, das pessoas «peritas na arte das alianças». Um ciclo de maior amplitude começa então. «Assim começa um novo período durante o qual, pouco a pouco, as categorias vencidas voltam ao poder, para de seguida serem, de novo, desapossadas e assim sucessivamente» (*ibid.*, § 2319).

Nesta conceção cíclica da história, os períodos de transição são os períodos aproveitados pelos «especuladores», no sentido dado por Pareto, para preparar a sua adaptação à nova ordem social que está em vias de nascer. Trata-se de períodos em que os valores e as normas são destabilizados e em que, para nos expressarmos à maneira de Tocqueville, «nada parece proibido, nem permitido, nem honesto, nem vergonhoso nem verdadeiro, nem falso» (Tocqueville, 1990, pp. 13-14). É então que vemos as elites estabelecidas perderem pouco a pouco a sua influência, fragmentarem-se e abrirem-se a novos recém-chegados. É também quando os fenómenos de reprodução e de circulação das elites surgem cada vez mais nitidamente.

CIRCULAÇÃO E REPRODUÇÃO DAS ELITES

Para Gaetano Mosca, quaisquer que sejam os tipos de organização e os modos de recrutamento das elites, existe uma característica que é predominante e que dá conta tanto de fenómenos de reprodução, como de fenómenos de circulação das elites, é a «aptidão para dirigir». Trata-se, tendo em conta a época e a «fórmula política», das «qualidades pessoais» que parecem requeridas para exercer as funções de direção. Estas qualidades variam: «Modificam-se porque as condições intelectuais, morais, económicas e militares de cada povo mudam continuamente». A estas características, que podem ser apreciadas de forma mais ou menos objetiva, vêm juntar-se elementos intimamente subjetivos: «a vontade de dominar e a consciência de possuir as qualidades requeridas» (Mosca, 1955, pp. 328-329). Segundo Mosca, as modificações das características requeridas para fazer parte da elite dirigente variam por vezes muito lentamente. Neste caso, os recém-chegados, que se infiltram um a um nas classes dirigentes, não modificam rapidamente «o caráter e o espírito». Pelo contrário, em certas épocas, as modificações são «rápidas e tumultuosas». Neste caso, a transformação da elite dirigente «pela substituição de elementos novos ou antigos» pode concluir-se no «espaço de uma ou duas gerações» (*ibid.*, p. 329). Para Mosca, quando a evolução se faz na longa duração, a tendência predominante é a tendência «aristocrática»; quando é mais rápida, é a tendência «democrática» que predomina (*ibid.*, p. 329 e 1953, cap. 4). Segundo ele, estas duas tendências estão presentes em qualquer regime, uma variando em proporção inversa da outra. «O triunfo absoluto da tendência aristocrática» parece-lhe uma impossibilidade empírica, porque implicaria uma sociedade completamente imutável. «O triunfo absoluto da tendência democrática» surge também inconcebível porque isso suporia que os filhos não herdariam «os meios materiais, as relações e os conhecimentos de todas as espécies» que permitiram aos seus pais aceder à elite dirigente (Mosca, 1955, p. 329). A este propósito, Mosca apoia uma discussão contra as tendências marxistas que veem na propriedade privada – terras, capitais, meios de produção – a principal causa da reprodução hereditária da influência política. Se a propriedade dos meios de produção fosse transferida para o Estado, pensa ele, isso não atenuaria de forma alguma a transmissão hereditária das posições influentes. Neste caso, os que administram o Estado – e são sempre uma minoria – acumulariam poder político e poder económico. «Disporiam, consequentemente, de enormes meios para facilitarem as carreiras dos seus próprios filhos e também das pessoas que desejassem favorecer» (*ibid.*, pp. 329-330).

No que diz respeito a múltiplas alianças de fenómenos de circulação e de reprodução das elites, durante um período de transição, a Europa de Leste ao sair do comunismo constituiu, durante a década dos anos 1990, um laboratório de verdadeira grandiosidade. (Coenen-Huther, 2000, pp. 135-149). Se o início da transição, na qual estão comprometidos os países em questão, é marcada pelo simbólico acontecimento da queda do muro de Berlim em 1989, foi a *perestroïka* soviética que a espoletou em 1985. A «fórmula política» soviética, que englobava um conjunto de prescrições ideológicas relativas à organização da vida económica, tinha acabado de perder a sua credibilidade. Antes, o período Brejnev, qualificado posteriormente de «período de estagnação», que se estendeu de 1966 até 1982, foi caracterizado não só pela sufocação económica mas também por uma política deliberada de «estabilidade dos quadros», que permitiu a uma geração de dirigentes idosos – os «quadros vermelhos», com qualificações rudimentares ou tornadas inadequadas – manter-se nas chefias, enquanto elementos mais jovens e melhor formados se viam frustrados nas suas esperanças de promoção (Hanley *et al.*, 1995, pp. 644-647). Entre 1985 e 1988, os esforços da equipa Gorbatchev visaram substituir «a elite gerontocrática de 1982» por uma nova *nomenklatura*, mais jovem, com formação mais recente, com qualificações mais bem adaptadas às exigências da época (*ibid.*, pp. 647-648). Para além do rejuvenescimento da elite dirigente, podemos ver na estratégia gorbatcheviana uma pragmática tentativa de adaptação à lógica capitalista da globalização que ameaçava marginalizar completamente as economias de tipo soviético. Tratava-se, na verdade, de uma rutura com uma «fórmula política» desacreditada desde há duas décadas, mesmo aos olhos daqueles que dela continuavam a beneficiar, mas que receavam não poder continuar a beneficiar dela por muito mais tempo (Staniszkis, 1991*a*, p. ix e p. 13). Enquanto as posições políticas influentes deixavam de oferecer as mesmas garantias de estabilidade da década anterior, a propriedade privada veio a ser considerada como uma opção real e, simultaneamente, como um instrumento de relançamento de uma economia estagnada e como suporte de carreiras ascendentes (Kryshtanovskaya e White, 1996, p. 716).

A onda de choque que suscitou mudanças de natureza revolucionária em todos os países europeus do antigo «campo socialista» partiu portanto da Rússia. Foi no entanto neste país que a aptidão das elites dirigentes para sobreviverem às peripécias da transição foi mais forte, verdadeira ilustração de uma verdade paretiana segundo a qual é «difícil desapossar uma classe governamental que sabe servir-se da astúcia, da fraude, da corrupção, de forma acautelada» (Pareto, 1916, § 2179). A análise de três gerações de dirigentes políticos – a geração Brejnev, a geração Gorbatchev e a geração Ieltsin – indica que, em meados dos anos 1990, cerca de 75 % da administração presidencial, quase 75 % dos membros do governo e mais de 80 % das elites regionais eram constituídos por membros da *nomenklatura* soviética. Na geração Ieltsin, mais de 30 % dos dirigentes a nível nacional ou regional começaram a sua carreira de «nomenklaturistas» sob a égide de Brejnev. Quanto às elites regionais da mesma geração, a proporção dos que começaram a sua carreira pela via da *nomenklatura* sob a égide de Brejnev eleva-se a mais de 50%; trata-se de resto de herdeiros com estatutos privilegiados adquiridos pela geração anterior (Kryshtanovskaya e White, 1996, p. 728). Até ao final dos anos de 1980, os que não eram membros do Partido Comunista tinham muito poucas hipóteses de aceder aos cargos de comando da administração do Estado ou do aparelho económico. Ainda em 1988, 97% dos cargos reservados à *nomenklatura* eram ocupados por membros do Partido. Em 1993, a situação tinha evoluído, mas não de maneira fundamental, já que 80% da elite política ou económica tinham aderido ao Partido num dado momento da sua carreira. Por outro lado, os cargos de direção nas empresas do Estado são assegurados na sua grande maioria, nos anos de 1990, por quadros que adquiriram a experiência de gestão sob o regime comunista (Hanley *et. al.*, 1995, pp. 655-659). A impressão geral que se destaca de tudo isto é a da reorganização de um sistema de poder oligárquico e autoritário, combinando uma grande parte de continuidade global – à primeira vista atenuada pelos efeitos de geração – e processos de circulação acelerada no próprio seio da elite dirigente.

Nos outros Estados colocados na órbita soviética, processos que anteciparam largamente os acontecimentos de 1989 são também de uma pertinência incontestável. De maneira muito geral, com variantes segundo os países, assistiu-se à emergência gradual de uma nova elite – tanto política como económica – relativamente indiferente aos princípios ideológicos que animavam a geração precedente; qualificamo-la de diferentes formas: a elite pragmática (Rona-Tas, 1994), a nova tecnocracia (Szelenyi e Szelenyi, 1995), os transformadores (Kabakchieva, 1996), a nova *nomenklatura* (Tilkidjiev, 1996), a *nomenklatura* tardia (Vladimirov, 1996). Este introduziu uma distinção geracional importante entre a elite antiga – elite do poder com base ideológica – e uma nova elite, aliando os traços de uma elite do poder, de uma elite de posição e de uma elite de função. E mesmo que se tome esta distinção em conta ou não, podemos ser conduzidos a diagnósticos bastante diferentes no que respeita à capacidade de adaptação das elites comunistas ao longo da década pós-comunista. Se centrarmos a atenção nos partidos incondicionais dos regimes de tipo soviético que foram instalados na Europa central e oriental depois da Segunda Guerra Mundial, podemos ser levados a aderir à tese da circulação das elites. Se, em compensação, examinarmos igualmente a situação da nova elite – mais qualificada e mais jovem – surgida nos inícios dos anos de 1980, o julgamento só pode ser muito mais subtil (Baylis, 1998, pp. 276-277). Os acontecimentos do período de transição foram preparados por uma fase de degradação da economia socialista nos países em questão (Rona-Tas, 1994, p. 47). Estamos pois perante um processo que se desenrolou em dois tempos; a tese da circulação das elites aplica-se à fase de degradação da economia socialista, enquanto a tese da reprodução da elite se aplica à fase seguinte: a da transição (*ibid.*, pp. 47-48).

Os dados recolhidos na Hungria, em 1989 e em 1991, indicavam que os antigos quadros do regime comunista se adaptavam com relativa facilidade às exigências do novo setor privado. Pareciam beneficiar de uma vantagem certa na conduta dos negócios. Esta vantagem resultava, em parte, do seu nível de educação, mas não poderia ser reduzida apenas a isso; o facto de ter ocupado uma posição de poder sob o regime comunista constituía em si uma variável discriminante (*ibid.*, p. 58). Os dados disponíveis sugerem a aliança de uma incontestável continuidade tecnocrática – o nível e o tipo de formação – e de uma forma de conversão do poder: a aptidão para transformar o poder político em trunfo económico. Investigações empíricas, levadas a cabo na Hungria, na República Checa e na Alemanha de Leste, mostram que é a semelhança das formações requeridas para fazer carreira no Partido e para aceder à direção das empresas que é a principal fonte da continuidade observada. Mas a função de empresário – capitalista ou socialista – depende largamente de uma rede social (Grabher e Stark, 1998, p. 64). De igual modo, quando ocupam os cargos de responsabilidade das novas empresas privadas, os quadros do antigo regime estão em melhor situação que outros para se apoiarem nas configurações informais que resistem à criação de novas instituições (Rona-Tas, 1994, p. 62). Como na Rússia, os recursos relacionais que outrora permitiram o exercício de funções de direção no quadro da economia socialista, com vista a fazer face às suas contrariedades específicas, ficavam em vantagem para desenvolver estratégias de empresa eficazes num contexto modificado. Tornaram-se um trunfo essencial para prosperar no vazio institucional e jurídico do período da transição. A nova elite económica não vem da economia privada marginalizada durante as décadas precedentes, mas sim das fileiras dos quadros socialistas (Grabher e Stark, 1998, p. 61). Consequentemente, a elite comunista da segunda geração é largamente beneficiada pelas mudanças que aconteceram nos anos de 1990. Além da sua disponibilidade ideológica, beneficia de um nível de formação bastante real, de uma experiência de gestão de recursos relacionais herdados da fase precedente e de uma evidente falta de escrúpulos na aplicação de métodos brutais do capitalismo selvagem (Juchler, 1994, pp. 117-118). Todos os dados respeitantes à Europa de Leste dos anos de 1990 apontam no mesmo sentido: demonstram que o movimento total que afetou as elites combina a sua reprodução e a sua circulação.

CONCLUSÃO

No estudo das elites como noutros domínios, as análises sociológicas têm o seu ponto de partida nas noções de senso comum e nos termos da linguagem corrente. Pareto podia acreditar estar liberto das conotações normativas da linguagem habitual, mas nunca conseguiu afastar-se totalmente das ambiguidades conceptuais que esta linguagem veicula; a sua dupla definição de elite testemunha-o. Sem dúvida que ele teria o costume de afirmar que as palavras pouco importam e que podemos muito bem substituí-las por letras do alfabeto. Mas é altamente improvável que uma teoria sociológica possa ter qualquer ressonância sem a ajuda de palavras que a tornem inteligível para o comum dos mortais. Podemos sentir-nos chamados a reagir a propósito de palavras ditas sobre a elite e a massa, ou sobre elites e a democracia. Somos menos tentados a participar num debate sobre os X e os Y. O próprio Pareto, se bem que o negue por diversas vezes, nunca deixou de formular propostas teóricas em termos que despertaram uma ou outra reação normativa nos seus leitores.

Qualquer elite constitui um objeto socialmente pré-construído ao qual se juntam tentativas de análises libertas de preconceitos e de paixões do senso comum. Mas o enunciado de ambição científica roça aqui, a todo o momento, o discurso carregado de ideologia. Primeiro, porque o interesse pelas elites tem geralmente a sua fonte nas preocupações extracientíficas, tal como o interesse pela estratificação social e as desigualdades sociais. De seguida, porque qualquer exposição sobre o assunto, na mediada em que ataca algumas preconceções, é inevitavelmente taxada de desvio normativo por aqueles cuja visão do mundo questiona. Atualmente, vimo-lo, a própria noção de elite – quer seja fundamentada na excelência ou na preeminência – choca a sensibilidade de muitos dos nossos contemporâneos.

Todavia, num certo ponto, a teoria das elites está mais em harmonia com as ideias da sua época: ao contrário do otimismo cientista do século XIX, rompe com a ideia de progresso herdado da filosofia das Luzes e reconcilia-se com uma conceção cíclica da história que coloca em evidência constantes da vida em sociedade. Para os clássicos da teoria das elites, não existe fim da história de onde surgiria um mundo igualitário e uma humanidade liberta dos entraves do passado. As mesmas causas estruturais produzem os mesmos efeitos psicossociais. A complexidade social ligada à modernidade provoca uma diferenciação das posições e das funções que provoca numerosas assimetrias de poder. O próprio facto da organização – devido a efeitos de sistemas – é fonte de distância social e de desigualdades pretendidas ou não. O poder gera privilégios e oferece os meios para justificar a existência desses privilégios. Acontece que a ordem social seja perturbada, que certos privilégios desapareçam e que categorias privilegiadas sejam varridas pela história. Mas, tarde ou cedo, os privilégios renascem sob novas formas, em proveito de outras pessoas, com outras justificações.

Nesta perspetiva «desencantada», uma sociedade igualitária é uma impossibilidade empírica, se bem que existam sociedades menos inigualitárias que outras e dominações mais suportáveis que outras. Qualquer conjunto social de alguma amplitude comporta indivíduos que dirigem e outros que se submetem mais ou menos docilmente às suas diretivas. A democracia, no sentido do governo «do povo, pelo povo, para o povo», depende da utopia social. Contudo, pode ser considerado democrático um regime fundamentado na competição livre das elites pelos sufrágios da população. Estas próprias elites podem ser ditas democráticas quando são de acesso não muito penoso e estão submetidas a mecanismos de controlo. Mas o acesso à elite nunca é completamente igualitário, mesmo que numerosos obstáculos possam ser levantados: os fenómenos de reprodução social tornam a igualdade de oportunidades em grande parte ilusória. Por outro lado, a existência de processos de delegação de poder é em si criadora de desigualdades. Estas desigualdades tornam muito aleatórias as reais possibilidades de controlo. Entregues a si próprios, os beneficiários destas desigualdades tendem conscientemente, ou não, a transformar a delegação em dominação. Pode mesmo acontecer que alguns entre eles se encontrem em posição de dominação sem o terem pretendido. Foi o que pôde levar a dizer que o poder corrompe e que o poder absoluto – não equilibrado por contrapoderes – corrompe absolutamente. Na medida em que se inscreve na longa duração, a dominação de uns pelos outros é todavia um fenómeno relacional. Na verdade, contém um elemento de legitimidade que só pode surgir de uma aceitação pelo menos tácita da dominação pelos dominados.

O olhar aparentemente desencantado – mas sobretudo profundamente realista e lúcido – que deitaram os teóricos das elites sobre a ordem social e o seu futuro tem incontestáveis afinidades com a corrente formalista em sociologia. Nesta ótica, herdada de Georg Simmel, é possível destacar elementos formais ou estruturais que são tão constrangedores para a ação humana, quaisquer que sejam, aliás, os objetivos dos atores. As modalidades da ação coletiva impõem desde logo uma certa lógica que se revela independente das justificações de ordem ideológica ou doutrinal que se atribuem os interessados. É assim que se explica o paradoxo da «lei de ferro da oligarquia». Organizações votadas a um projeto sociopolítico igualitário tornam-se cada vez mais inigualitárias no seu funcionamento interno, não em razão de uma pretensa «natureza humana» na qual deveríamos perder a esperança, mas devido aos constrangimentos organizacionais e aos efeitos de estrutura impossíveis de neutralizar: crescimento, diferenciação, hierarquização.

A mensagem da sociologia, a este propósito, parece bem pessimista, sugerindo no fundo, para se expressar familiarmente, que «quanto mais isto muda, mais fica na mesma». E questionamo-nos se valerá a pena edificar uma ciência da vida em sociedade para chegar a conclusões tão pouco encorajadoras para os homens e mulheres apaixonados pela justiça e pelo progresso?

É certo que a sociologia não despreza a liberdade humana. Os seres humanos são livres e a sua liberdade inclui o facto de conceber generosos projetos de sociedade afastando-se sempre mais do estado de natureza. Mas que os sonhos da humanidade, incessantemente renovados, se deparem ainda e sempre com os mesmos obstáculos indica bem que a nossa liberdade se exerce no quadro de parâmetros limitativos e que é inútil querer ignorar. A sociologia ajuda-nos a tomar uma clara consciência das gravidades estruturais que pesam nos nossos comportamentos. Em virtude disso, ela não reduz a nossa margem de manobra em relação a tudo o que nos constrange: alarga-a e oferece-nos a possibilidade de a usar mais eficazmente em relação aos nossos próprios objetivos. Não ter em conta os seus ensinamentos seria abdicar da nossa razão e recusar a ação refletida.

BIBLIOGRAFIA

ALBATS Evguenia, *La Bombe à retardement. Enquête sur la survie du KGB,* trad. fr., Paris, Plon, 1995 (1.ª ed. russa, 1992).

ALBERTONI Ettore, *Doctrine de la classe politique et théorie des élites,* trad. fr., Paris, Méridiens-Klincksieck, 1987 (1.ª ed. italiana, 1985).

ARMAND Louis e DRANCOURT Michel, *Plaidoyer pour l'avenir,* Paris, Calmann--Lévy, 1961.

ARON Raymond, «Classe sociale, classe politique, classe dirigeante», *Archives européennes de Sociologie,* vol. 1, 1960, pp. 260-281.

– *Les Étapes de la pensée sociologique,* Paris, 1967. Reedição, Gallimard, col. «Tel», 1991.

– «Préface», *in:* V. Pareto, *Traité de sociologie générale,* Genebra, Droz, 1968, pp. VII-XXVIII.

– *Mémoires. Cinquante ans de réflexion politique,* Paris, Julliard, 1983.

– *Le Marxisme de Marx,* Paris, Éditions de Fallois, 2002.

BACHRACH Peter, *The Theory of Democratic Elitism. A Critique,* Boston, Little, Brown and Company, 1967.

BAUER Michel, «La gauche au pouvoir et le grand patronat: sous les pavés ... des mouvements de la classe dirigeante», *in* Pierre BIRNBAUM Ed., *Les Élites socialistes au pouvoir 1981-1985,* Paris, PUF, 1985, pp. 263-306.

BAUER Michel e BERTIN-MOUROT Bénédicte, «La triple exception française. A propos de la formation des élites», *Esprit,* n.º 10, outubro de 1997, pp. 47--59.

BAYLIS Thomas A., «Elite Change After Communism: Eastern Germany, the Czech Republic, and Slovakia», *East European Politics and Societies,* vol. 12, n.º 2, 1998, pp. 265-299.

BEETHAM David e PETRIE Julian, «Elitism», *in* Michael MANN Ed., *The Mac-Millan Student Encyclopedia of Sociology,* Londres, The MacMillan Press, 1983, pp. 108-109.

BERLE Adolf A. e MEANS GARDINER C., *The Modern Corporation and Private Property*, Nova Iorque, MacMillan, 1936.

BIRNBAUM Pierre, *Les Sommets de l'État. Essai sur l'élite du pouvoir en France*, Paris, Seuil, 1977.

BIRNBAUM Pierre, BARUCQ Charles, BELLAICHE Michel e MARIÉ Alain, *La Classe dirigeante française. Dissociation, interpénétration, intégration*, Paris, PUF, 1978.

BIRNBAUM Pierre Éd., *Les Élites socialistes au pouvoir 1981-1985*, Paris, PUF, 1985.

BLUM Léon, «Préface», *in* James BURNHAM, *L'Ère des organisateurs*, Paris, Calmann-Lévy, 1947.

BOBBIO Norberto, *On Mosca and Pareto*, Genebra-Paris, Droz, 1972.

BOTTOMORE Tom B., *Élites et sociétés*, trad. fr., Paris, Stock, 1964 (1.ª ed. inglesa, 1964).

BOUDON Raymond, *L'Inégalité des chances*, Paris, Armand Colin, 1973.

– *Effets pervers et ordre social*, Paris, PUF, col. «Sociologies», 1979.

BOUDON Raymond e BOURRICAUD François, *Dictionnaire critique de la sociologie*, Paris, PUF, 1982, reedições.

BOUGLÉ Célestin, *Essai sur le régime des castes*, Paris, Alcan, 1908.

BOURDIEU Pierre, *La Noblesse d'État. Grandes écoles et esprit de corps*, Paris, Éditions de Minuit, 1989.

– *Raisons pratiques. Sur la théorie de l'action*, Paris, Seuil, col. «Points/Essais», 1994.

– *Sur la télévision*, Paris, Liber Éditions, 1996.

BOURDIEU Pierre e PASSERON Jean-Claude, *Les Héritiers. Les étudiants et la culture*, Paris, Éditions de Minuit, 1964.

BURNHAM James, *L'Ère des organisateurs*, prefácio de Léon Blum, trad. fr., Paris, Calmann-Lévy, 1947 (1.ª ed. inglesa, 1941).

– *Les Machiavéliens, défenseurs de la liberté*, trad. fr., Paris, Calmann-Lévy, 1949 (1.ª ed. inglesa, 1943).

BUSINO Giovanni, *Élites et bureaucratie. Une revue analytique des théories contemporaines*, *Revue européenne des sciences sociales*, número especial, vol. XXVI, n.º 80, Genebra, Droz, 1988*a*.

– «La loi d'airain de l'oligarchie de Robert Michels» *in* Giovanni BUSINO, *Élites et bureaucratie*, pp. 63-70, 1988*b*.

– «Premiers jalons d'un élitisme démocratique» *in* Giovanni BUSINO, *Élites et bureaucratie*, pp. 97-104, 1988*c*.

– *Élite(s) et élitisme*, Paris, PUF, col. «Que Sais-je?», 1992.

CHAZEL François, «Pouvoir», *in* Raymond BOUDON Éd., *Traité de sociologie*, Paris, PUF, 1992, cap. 5, pp. 195-226.

CLARK Terry, *Prophets and Patrons: The French University and the Emergence of the Social Sciences*, Cambridge, Mass., Harvard University Press, 1973.

CLIFFORD-VAUGHAN Michalina, «Some French Concepts of Elites», *British Journal of Sociology*, vol. 11, pp. 319-331, 1960.

COENEN-HUTHER Jacques, *Le fonctionnalisme en sociologie: et après?* Bruxelas, Éditions de l'Université de Bruxelles, 1984.

COENEN-HUTHER Jacques, *Tocqueville*, Paris, PUF, col. «Que Sais-je?», 1997.

– «The Paths of Recognition: Boudon, Bourdieu and the «Second Market» of Intellectuals», *International Journal of Contemporary Sociology*, vol. 35, n.º 2, 1998, pp. 208-216.

– «L'Europe de l'Est en transition: circulation ou reproduction des élites?», *Revue Européenne des Sciences Sociales*, tomo XXXVIII, n.º 118, 2000, pp. 135--149.

CZUDNOWSKI Moshe M. e EULAU Heinz, *Elite Recruitment in Democratic Polities*, Nova Iorque, Wiley and Sons, 1976.

DAGNAUD Monique e MEHL Dominique, «Décideurs et sous-élite: distance et connivence», *Sociologie du travail*, vol. XVII, n.º 2, 1985, pp. 122-136.

DAHL Robert A., «A Critique of the Ruling Elite Model», in *American Political Science Review*, vol. 52, n.º 2, 1958, pp. 463-469. Retomado *in:* John SCOTT, Ed., *The Sociology of Elites*. vol 1: *The Study of Elites*, Aldershot, Edward Elgar Publishing Ltd., 1990, cap. 5, pp. 61-67.

– *Who Governs? Democracy and Power in American City*, New Haven, Yale University Press, 1961.

– *Polyarchy. Participation and Opposition*, New Haven, Yale University Press, 1971.

DAHRENDORF Ralf, *Classes et conflits de classes dans la société industrielle*, trad. fr., Paris-Haia, Mouton, 1972 (1.ª ed. alemã, 1957).

DEGENNE Alain e FORSÉ Michel, *Les Réseaux sociaux*, Paris, Armand Colin, 1994, 2.ª ed. 2004.

DELRUELLE-VOSSWINKEL Nicole, *Les notables en Belgique*, Bruxelas, Éditions de l'Université de Bruxelles, 1972.

DI PALMA Giuseppe, *The Study of Conflict in Western Society: A Critique of the End of Ideology*, Morristown, N. J., General Learning Press, 1973.

DJILAS Milovan, *La Nouvelle classe dirigeante*, trad. fr., Paris, Plon, 1958 (1.ª ed. inglesa, 1957).

DOMENACH Jean-Marie, «Réponse à Louis Armand», *L'Express*, n.º 456, 30-11-61, 1961*a*.

– «Plaidoyer pour la politique», *L'Express*, n.º 457, 7-12-61, 1961*b*.

DREITZEL Hans P., *Elitebegriff und Sozialstruktur*, Estugarda, Enke Verlag, 1962.

DUPRÉEL Eugène, *Sociologie générale*, Paris, PUF, 1948.

DURKHEIM Émile, *Le Socialisme*, Paris, PUF, 1928; reedição col. «Quadrige», 1992.

DUVERGER Maurice, *Les Partis politiques*, Paris, Armand Colin, 1951, 4.ª edição 1961.

EISERMANN Gottfried, *Max Weber und Vilfredo Pareto. Dialog und Konfrontation*, Tübingen, J. C. B. Mohr (Paul Siebeck), 1989.

ENDRUWEIT Günter, *Beiträge zur Soziologie*, vol. II: *Allgemeine Soziologie*, Christian-Albrechts-Universität zu Kiel, Soziologische Arbeitsberichte, n.º 25, 1998, capítulo V, *Eliten*, pp. 245-269.

EULAU Heinz, «Elite Analysis and Democratic Theory», *in* M. M. CZUDNOWSKI e H. EULAU, *Elite Recruitment in Democratic Polities*, Nova Iorque, Wiley and Sons, 1976, pp. 7-28.

FIELD G. Lowell e HIGLEY John, *Elitism*, Londres, Routledge and Kegan Paul, 1980.

FIELD G. Lowell, HIGLEY John e BURTON Michael, «A New Elite Framework for Political Sociology», *Revue Européenne des Sciences Sociales*, vol. XXVIII, n.º 88, 1990, pp. 149-182.

FOUGEYROLLAS Pierre, «Bureaucratie et technocratie», *Arguments*, n.º 17, 1950.

FRIEDBERG Erhard, *Le Pouvoir et la règle. Dynamique de l'action organisée*, Paris, Seuil, 1993.

GERSTENMAIER Eugen, «Sinn und Schicksal der Elite in der Gemeinschaft», *Bulletin des Presse und Informationsamtes der Bundesregierung*, n.º 168, pp. 1691--1692 e n.º 169, pp. 1699-1701, 1958.

GIDDENS Anthony, «Elites in the British Class Structure», *in* John SCOTT Ed., *The Sociology of Elites*, vol. 1: *The Study of Elites*, Aldershot, Edward Elgar Publishing Ltd, 1990, pp. 345-361.

GRABHER Gernot e STARK David, «Organising Diversity: Evolutionary Theory, Network Analysis and Post-Socialism», *in* John PICKLES e Adrian SMITH Eds, *Theorising Transition. The Political Economy of Post-Communist Transformations*. Londres e Nova Iorque, Routledge, 1998, pp. 54-75.

GURVITCH Georges, *La Vocation actuelle de la sociologie*, tomo I: *Vers la sociologie différentielle*, Paris, PUF, 3.ª edição revista, 1963.

– *La Vocation actuelle de la sociologie*, tomo II: *Antécédents et perspectives*, Paris, PUF, 3.ª edição revista, 1963.

– Ed., *Traité de sociologie*, tomo I, Paris, PUF, 3.ª edição revista, 1967.

HANLEY Eric, YERSHOVA Natasha e ANDERSON Richard, «Russia – Old Wine in a New Bottle? The Circulation and Reproduction of Russian Elites», 1983--1993, *Theory and Society*, vol. 24, 1995, pp. 639-668.

HUNTER Floyd, *Community Power Structure*, Chapel Hill, N. C., University of North Carolina Press, 1953.

JAEGGI Urs, *Die gesellschaftliche Elite: eine Studie zum Problem der sozialen Macht*, Berna e Estugarda, P. Haupt, 2.ª edição, 1967.

JANNE Henri, «Un modèle théorique du phénomène révolutionnaire?», *Annales, Economies, Sociétés, Civilisations*, vol. 15, n.º 6, pp. 1138-1154.

– *Le Système social. Essai de théorie générale*, Bruxelas, Éditions de l'Institut de Sociologie, 1968.

JAVEAU Claude, *Éloge de l'élitisme*, Bruxelas, Le Grand Miroir, 2002.

JUCHLER Jakob, *Osteuropa im Umbruch. Politische, wirtschaftliche und gesellschaftliche Entwicklungen 1989-1993*. Zurique, Seismo Verlag 1994.

KABAKCHIEVA Petya, «The New Political Actors and their Strategies», *in* Jacques COENEN-HUTHER Ed., *Bulgaria at the Crossroads*. Nova Iorque, Nova Science Publishers, 1996, pp. 113-133.

KATZ Elihu e LAZARSFELD Paul, *Personal Influence. The Part played by People in the Flow of Mass Communication*, Glencoe, The Free Press, 1964.

KAUPPI Niilo, *French Intellectual Nobility: Institutional and Symbolic Transformation in the Post-Sartrean Era*, Albany, State University of New York Press, 1996.

KELLER Suzanne, *Beyond the Ruling Class. Strategic Elites in Modern Society*, Nova Iorque, Random House, 1963.

KOLABINSKA Marie, *La Circulation des élites en France: étude historique depuis la fin du XIe siècle jusqu' à la Grande Révolution*, Lausana, Imprimeries réunies, 1912.

KRYSHTANOVSKAYA Olga e WHITE Stephen, «From Soviet Nomenklatura to Russian Elite», *Europe-Asia Studies (formerly Soviet Studies)*, vol. 48, n.° 5, 1996, pp. 711-733.

LASCH Christopher, *La révolte des élites et la trahison de la démocratie*, trad. fr., Paris, Climats, 1996 (1.ª ed. americana, 1995).

LASSWELL Harold D., *Power and Personality*, Nova Iorque, W. W. Norton, 1948.

– «The Study of Political Elites», *in* Harold D. LASSWELL e Daniel LERNER, *World Revolutionary Elites. Studies in Coercive Ideological Movements*, Cambridge, Mass., The M. I. T. Press, 1965.

LAUMANN Edward O. e PAPPI Franz U., *Networks of Collective Action: A Perspective in Community Infiuence Systems*, Nova Iorque, Academic Press.

LAZEGA Emmanuel, *Réseaux sociaux et structures relationnelles*, Paris, PUF, col. «Que Sais-je?», 1998.

LÉOTARD Marie-Laure de, *Le Dressage des élites*, Paris, Plon, 2001.

LE PLAY Frédéric, *Œuvres*, tomo I, *Principes de paix sociale: la famille*; tomo II, *La réforme de la société. Le travail*, Paris, Éditions d'histoire et d'art, 1941.

LEWANDOWSKI Olgierd, «Différenciation et mécanismes d'intégration de la classe dirigeante. L'image sociale de l'élite d'apres le Who's Who in France», *Revue française de Sociologie*, vol. XV, n.° 1, 1974, pp. 43-73.

LIPSET Seymour M., TROW Martin A. e COLEMAN James S., *Union Democracy. The Internal Politics of the International Typographical Union*, Glencoe, The Free Press, 1956.

LOPREATO Joseph e ALSTON Letitia, «Ideal Types and the Idealization Strategy», *American Sociological Review*, vol. 35, 1970, pp. 88-96.

LOTTIERI Carlo, «Élitisme classique (Mosca et Pareto) et élitisme libertarien», *in* Alban BOUVIER Éd., *Pareto aujourd'hui*, Paris, PUF, col. «Sociologies», 1999, pp. 199-219.

MANNHEIM Karl, *Idéologie et utopie*, trad. fr. parcial, Paris, Marcel Rivière, 1956*a* (1.ª ed. inglesa, 1936).

– *Man and Society in an Age of Reconstruction*, Londres, Kegan Paul, Trench, Trubner, 1940.

– «The Democratization of Culture», *Essays on the Sociology of Culture*, Londres, Routledge and Kegan Paul, 1956*b*, pp. 171-246.

MARSDEN P. V. e LAUMANN E. O., «Collective Action in a Community Elite: «Exchange, Influences Processes and Issue Resolution», *in* R. J. LIEBERT e A. IMERSHEIM Ed., *Power, Paradigms and Community Research*, Londres, Sage, 1977, pp. 199-250.

MARTINDALE Don, *The Nature and Types of Sociological Theory*, 2.ª edição, Nova Iorque, Harper and Row, 1981.

MARX Karl, *Le Manifeste communiste, Œuvres*, Paris, Gallimard, La Pléiade, 1965, vol. 1, pp. 159-195 (1.ª ed. 1848).

MEISEL James H., *The Myth of the Ruling Class,* Ann Arbor, The University of Michigan Press, 1962.

MENDRAS Henri e FORSÉ Michel, *Le Changement social. Tendances et paradigmes,* Paris, Armand Colin, 1983.

MERTON Robert K., *Social Theory and Social Structure,* edição aumentada, Nova Iorque, The Free Press, 1968.

MICHELS Robert, *Les Partis politiques. Essai sur les tendances oligarchiques des démocraties,* trad. fr., Paris, Flammarion, 1914. Nova edição, col. «Champ politique», 1971 (1.ª ed. alemã, 1911).

MILLS C. Wright, «Introduction», *in* Thorstein VEBLEN, *The Theory of the Leisure Class,* Mentor Edition, Nova Iorque, The New American Library, 1953, pp. VI-XIX.

– *L'Élite du pouvoir,* trad. fr., Paris, Maspero, 1969 (1.ª ed. americana, 1956).

MINC Alain, *Épîtres à nos nouveaux maîtres,* Paris, Grasset, 2002.

MOSCA Gaetano, *Sulla teorica dei governi e sul governo parlamentare. Studii storici e sociali,* Turim, Loescher, 1884.

– *Elementi di scienza politica,* 2 vol., Bari, Laterza, 1953 (l.ª ed., 1896).

– *Histoire des doctrines politiques depuis l'Antiquité jusqu'à nos jours,* trad. fr., Paris, Payot, 1937, nova edição, 1955, (1.ª ed. italiana, 1936).

– «The Final Version of the Theory of the Ruling Class», in James H. MEISEL, *The Myth of the Ruling Class,* Ann Arbor, The University of Michigan Press, 1962.

– *La classe politica. A cura con un'introduzione di Norberto Bobbio,* Bari, Laterza, 1966.

NADEL S. F., «The Concept of Social Elites», *International Social Science Bulletin,* vol. 8, 1956, pp. 413-424. Retomado *in* John SCOTT Ed., *The Sociology of Elites.* vol. 1: *The Study of Elites,* Aldershot, Edward Elgar Publishing Ltd, 1990, pp. 31-42.

NAVILLE Pierre, «La bureaucratie et la révolution», *Arguments,* n.º 17, 1950.

ORTEGA y GASSET José, *La Révolte des masses,* trad. fr., Paris, Stock, 1937 (1.ª ed. espanhola, 1930).

PARETO Vilfredo, *Les Systèmes socialistes.* Aula dada na Universidade de Lausana, Paris, Giard et Brière, 2 vol., vol. I, 1902, vol. II, 1903.

– *Traité de sociologie générale, Œuvres complètes* editadas por Giovanni Busino, tomo XII, Genebra, Droz, 1968 (1.ª ed. italiana, 1916).

PARRY Geraint, *Political Elites,* Londres, George Allen and Unwin, 1969.

PARSONS T., BALES R F. e SHILS E., *Working Papers in the Theory of Action,* Glencoe, The Free Press, 1953.

PUTNAM R., *The Comparative Study of Political Elites,* Englewood Cliffs, Prentice Hall, 1976.

REINHARD Wolfgang Éd., *Les Élites du pouvoir et la construction de l'État en Europe,* Paris, PUF, 1996.

RENAUT Alain, *Que faire des universités?* Paris, Bayard, 2002.

RIESMAN David *et al., La Foule solitaire,* trad. fr., Paris, Arthaud, 1964 (1.ª ed. americana, 1950).

RIZZI Bruno, *La Bureaucratisation du monde*, 2 vol., Paris, Champ libre, 1976 (1.ª ed. italiana, 1939).

RONA-TAS Akos, «The First Shall Be Last? Entrepreneurship and Communist Cadres in the Transition from Socialism», *American Journal of Sociology*, vol. 100, n.º 1, 1994, pp. 40-69.

ROSANVALLON Pierre, «Les élites françaises, la démocratie et l'État», entrevista com Pierre Rosanvallon, conduzida por Olivier Mongin e Lucile Schmid, *Esprit*, n.º 10, outubro de 1997, pp. 60-72.

ROUSSEL Louis, *L'Enfance oubliée*, Paris, Odile Jacob, 2001.

SAINT-SIMON Claude-Henri, Conde de, *Œuvres*, Paris, Anthropos, vol. II, 1966 (1.ª ed., vol. IV, 1869).

SARTORI Giovanni, *The Theory of Democracy Revisited*, vol. 1: *The Contemporary Debate*, Chatham, NJ, Chatham House, 1987.

SCHLUCHTER Wolfgang, «Der Elitebegriff als soziologische Kategorie», *Kölner Zeitschrift für Soziologie und Sozialpsychologie*, vol. 15, 1963, pp. 233-256.

SCHMALENBACH Hermann, «Die soziologische Kategorie des Bundes», *Die Dioskuren*, n.º 1, 1922.

SCHUMPETER Joseph, *Capitalisme, socialisme et démocratie*, trad. fr., Paris, Payot, 1951 (1.ª ed. inglesa, 1942).

SCOTT Howard, *Introduction to Technocracy*, Nova Iorque, John Day Company, 1933.

SCOTT John, Ed., *The Sociology of Elites*. vol. 1: *The Study of Elites;* vol. 2: *Critical Perspectives;* vol. 3: *Interlocking Dictatorships and Corporate Networks*, Aldershot, Edward Elgar Publishing Ltd, 1990.

SIMMEL Georg, *Sociologie. Étude sur les formes de la socialisation*, trad. fr., Paris, PUF, 1999 (1.ª ed. alemã, 1908).

SIMON Pierre-Jean, *Histoire de la sociologie*, Paris, PUF, col. «Fondamental», 1991.

STANWORTH Philip e GIDDENS Anthony, *Elites and Power in British society*, Cambridge, Cambridge University Press, 1974.

STANISZKIS Jadwiga, *The Dynamics of the Breakthrough in Eastern Europe. The Polish Experience*, Berkeley, University of California Press, 1991a.

– «Political Capitalism in Poland», *Eastern European Politics and Societies*, vol. 5, 1991b, pp. 127-141.

STEINER Kurt, *Politics in Austria*, Boston, Little Brown, 1972.

SULEIMAN Ezra N., *Les Élites en France. Grands corps et grandes écoles*, trad. fr., Paris, Seuil, 1979 (1.ª ed. americana, 1978).

SVALASTOGA Kaare, «Elite and Social System», *Acta Sociologica*, vol. 12, n.º 1, 1969, pp. 13-19.

SZELENYI Ivan e SZELENYI Szonja, «Circulation or Reproduction of Elites during the Postcommunist Transformation of Eastern Europe», *Theory and Society*, vol. 24, 1995, pp. 615-638.

THOMPSON Kenneth, «French Sociology seen from Britain», *Revue suisse de sociologie*, vol. 19, 1993, pp. 621-625.

TILKIDJIEV Nikolai, «Social Stratification in Post-Communist Bulgaria», *in:* Jacques COENEN-HUTHER, Ed., 1996, *Bulgaria at the Crossroads*. Nova Iorque, Nova Science Publishers, 1996, pp. 79-96.

TOCQUEVILLE Alexis de, *De la démocratie en Amérique,* tomo I, Paris, Éditions Vrin, 1990, pp. 13-14 (1.ª ed., 1835).

– *L'Ancien Régime et la Révolution, Œuvres complètes,* tomo II; vol. 1, Paris, Gallimard, 1952 (1.ª ed., 1856).

– *Souvenirs, Œuvres complètes,* tomo XII, Paris, Gallimard, 1964 (1.ª ed., 1893).

TOURAINE Alain, *Production de la société,* Paris, Seuil, 1973.

VALADE Bernard, *Pareto. La Naissance d'une autre sociologie,* Paris, PUF, col. «Sociologies», 1990.

– *Introduction aux sciences sociales,* Paris, PUF, col. «Premier cycle», 1996. VEBLEN Thorstein, *Théorie de la classe de loisir,* trad. fr., Paris, Gallimard, 1970 (1.ª ed. americana, 1899).

VLADIMIROV Jelio, «L'éthos démocratique dans la Bulgarie postcommuniste», *in* Jean-Pierre GERN Éd., *La Bulgarie: une transition menacée,* Neuchâtel, EDES, 1996.

VOSLENSKY Michael, *La Nomenklatura. Les privilégiés en URSS,* trad. do alemão, Paris, Belfond, 1980.

WINDOLF Paul, «Privatization and Elite Reproduction in Eastern Europe», *Archives européennes de sociologie,* vol. XXXIX, n.° 2, 1998, pp. 335-376.

ÍNDICE

INTRODUÇÃO.. 7

CAPÍTULO 1 – *UMA QUESTÃO CLÁSSICA: A ELITE OU AS ELITES?*   13

A dupla conceção paretiana 15
A oposição elite-massa.. 21
As elites: competição ou especialização? 28
As elites como minorias... 33
As elites e a luta das classes 39
Elite ou elites: diversidade dos pontos de vista 43

CAPÍTULO 2 – *A ELITE COMO CLASSE DIRIGENTE* 47

A tendência para a oligarquização................................. 49
A elite governamental... 58
A elite do poder.. 66
As elites e a democracia.. 73

CAPÍTULO 3 – *AS ELITES COMO GRUPOS DE INFLUÊNCIA*..... 85

Elites produtivas e não produtivas 85
As teorias da «nova classe» tecnoburocrática...................... 91
As teorias empresariais modernas 95
As elites e a sua capacidade de influência 100
As elites do poder e as elites da notoriedade 112

CAPÍTULO 4 – *ENSAIOS DE TIPOLOGIA E ABORDAGENS
    EMPÍRICAS* 121

A elite: um objeto socialmente pré-construído......................... 122
As elites: critérios de classificação.. 124
As pertinentes dimensões de análise.. 135
As elites com orientação local ou cosmopolita......................... 141
As elites estratégicas e a investigação empírica 145

CAPÍTULO 5 – *SELEÇÃO, REPRODUÇÃO E CIRCULAÇÃO
    DAS ELITES*.. 155

A formação e a seleção das elites.. 156
O recrutamento das elites políticas... 162
As configurações de elites e a sua evolução 171
Circulação e reprodução das elites.. 182
Conclusão.. 189

BIBLIOGRAFIA 193

EPISTEMOLOGIA
E SOCIEDADE

1. INEVITÁVEL MORAL
Paul Valadier
2. INTRODUÇÃO AO PENSAMENTO
COMPLEXO – (5.ª edição)
Edgar Morin
3. CONTRIBUIÇÕES DE THOMAS KUHN
PARA UMA EPISTEMOLOGIA
DA MOTRICIDADE HUMANA
Anna Maria Feitosa
4. TOXICODEPENDÊNCIA
E AUTO-ORGANIZAÇÃO
João Eduardo Marques Teixeira
5. TERRA-PÁTRIA – (2.ª edição)
Edgar Morin / Anne Brigitte Kern
6. NAS RAÍZES DO UNIVERSO
Ervin Laszlo
7. O TERCEIRO INSTRUÍDO
Michel Serres
8. COM RAZÃO OU SEM ELA
Henri Atlan
9. O HOMEM E AS SUAS TRÊS ÉTICAS
Stéphane Lupasco
10. TUDO, NÃO, TALVEZ
Henri Atlan
11. A UTOPIA DA COMUNICAÇÃO
Philippe Breton
12. O XI° MANDAMENTO
André Glucksmann
13. CRÍTICA DA COMUNICAÇÃO
Lucien Sfez
14. JEAN PIAGET E O SUJEITO
DO CONHECIMENTO
José Luís Brandão da Luz
15. A INTELIGÊNCIA DA NATUREZA
Michel Lamy
16. CRÍTICA DA MODERNIDADE
Alain Touraine
17. OLHARES SOBRE A MATÉRIA
Bernard d'Espagnat / Étienne Klein
18. EVOLUÇÃO
Ervin Laszlo
19. A CRIAÇÃO DA VIDA
Michel Bounias
20. DA EPISTEMOLOGIA À BIOLOGIA
Maria Manuel Araújo Jorge
21. INVESTIGAÇÃO
QUALITATIVA – (5.ª edição)
*Michelle Lessard-Hébert / Gabriel Goyett /
Gérald Boutin*
22. O CONTRATO NATURAL
Michel Serres
23. AS TECNOLOGIAS
DA INTELIGÊNCIA
Pierre Lévy
24. A CONVERSÃO DO OLHAR
Michel Barat
25. O PODER E A REGRA
Erhard Friedberg
26. A COMUNICAÇÃO
Lucien Sfez
27. A MÁQUINA UNIVERSO
Pierre Lévy
28. O VÍNCULO E A POSSIBILIDADE
Mauro Ceruti
29. MOTRICIDADE HUMANA
Manuel Sérgio

30. PARA UMA TEORIA
DO CORPO HUMANO
José Eduardo Alves Jana
31. A SOLIDARIEDADE
Jean Duvignaud
32. A CIÊNCIA E O SENTIDO DA VIDA
Jacques Arsac
33. A RODA DAS CIÊNCIAS
Paul Caro
34. A DANÇA QUE CRIA
Mauro Ceruti
35. AS CIÊNCIAS COGNITIVAS
Georges Vignaux
36. O ENIGMA DA EVOLUÇÃO
DO HOMEM
Josef H. Reichholf
37. A RAZÃO CONTRADITÓRIA
Jean-Jacques Wunenburguer
38. ELEMENTOS FUNDAMENTAIS
DAS CIÊNCIAS CINDÍNICAS
Georges-Yves Kervern
39. O DESPORTO EM PORTUGAL
Alberto Trovão do Rosário
40. O HOMEM PARANÓIDE
Claude Olievenstein
41. AS TEORIAS DA EXCLUSÃO
Martine Xiberras
42. A INVENÇÃO DA COMUNICAÇÃO
Armand Mattelart
43. LÉVINAS – A UTOPIA DO HUMANO
Catherine Chalier
44. PROJECTO PARA UMA ÉTICA
MUNDIAL
Hans Küng
45. QUESTÕES SOBRE A VIDA
Henri Atlan / Catherine Bousquet
46. A ATRACÇÃO DO FUTURO
Pierre Fougeyrollas
47. DIÁLOGOS COM A ESFINGE
Étienne Klein
48. SOCIOLOGIA DA EXPERIÊNCIA
François Dubet
49. DIÁLOGO SOBRE A CIÊNCIA,
A CULTURA E O TEMPO
Michel Serres
50. A SOCIEDADE PIGMALIÃO
Pierre Tap
51. O INATO E O ADQUIRIDO
Jean-François Skrzypczak
52. ELOGIO DA CONSCIÊNCIA
Paul Valadier
53. ANTROPOLOGIA DO PROJECTO
Jean-Pierre Boutinet
54. O DESTINO DOS IMIGRADOS
Emmanuel Todd
55. PARA ACABAR
COM O DARWINISMO
Rosine Chandebois
56. JEAN PIAGET – APRENDIZ
E MESTRE
*Jean-Marc Barrelet / Anne-Nelly Perret-
-Clermont*
57. A COMUNICAÇÃO-MUNDO
Armand Mattelart
58. A FORMAÇÃO HUMANA
NO PROJECTO DA MODERNIDADE
F. Cabral Pinto

59. PARA UMA CRÍTICA
DA RAZÃO BIOÉTICA
Lucien Sève
60. A SOCIEDADE INTOXICADA
Martine Xiberras
61. O ESPÍRITO DA DÁDIVA
Jacques T. Godbout / Alain Caillé
62. AS NOVAS FACES DA LOUCURA
Jean-Pierre Olié / Christian Spadone
63. IDEOGRAFIA DINÂMICA
Pierre Lévy
64. QUEM SOMOS NÓS
Luca e Francesco Cavalli Sforza
65. METODOLOGIA DA INVESTIGAÇÃO
EM CIÊNCIAS HUMANAS
Bruno Deshaies
66. AS CIÊNCIAS HUMANAS
EM MOVIMENTO
Charles Maccio
67. A DEMISSÃO DOS INTELECTUAIS
Alain Caillé
68. A INTELIGÊNCIA COLECTIVA
Pierre Lévy
69. ATLAS
Michel Serres
70. O CÉREBRO E A LIBERDADE
Pierre Karli
71. ECOFEMINISMO
Maria Mies / Vandana Shiva
72. À IMAGEM DO HOMEM
Philippe Breton
73. ABORDAGEM À MODERNIDADE
Jean-Marie Domenach
74. PRINCÍPIOS E VALORES
NA EDUCAÇÃO CIENTÍFICA
Michael Poole
75. DA CIÊNCIA À ÉTICA
Hans-Peter Dürr
76. OS CORPOS TRANSFIGURADOS
Michel Tibon-Cornillot
77. DO BIG BANG À PESSOA HUMANA
Daniel Duarte de Carvalho
78. O EUGENISMO
André Pichot
79. A SAÚDE PERFEITA
Lucien Sfez
80. EDGAR MORIN
Myron Kofman
81. A DEMANDA DA RAÇA
Édouard Conte / Cornelia Essner
82. HUMANISMO E TÉCNICA
Bruno Jarrosson
83. O SÉCULO DAS IDEOLOGIAS
Jean-Pierre Faye
84. MULTICULTURALISMO
Charles Taylor
85. A SOCIEDADE EM BUSCA
DE VALORES
Edgar Morin / Ilya Prigogine e outros
86. O JUSTO E O VERDADEIRO
Raymond Boudon
87. COMO GERIR
AS PERSONALIDADES DIFÍCEIS
François Lelord / Christophe André
88. PARA UMA UTOPIA REALISTA
EM TORNO DE EDGAR MORIN
Encontros de Châteauvallon

89. AS ÁRVORES DO CONHECIMENTO
Michel Authier / Pierre Lévy
90. DO UNIVERSO AO SER
Jean-Marie Pelt
91. O CREPÚSCULO DA CRIAÇÃO
Marcus Chown
92. MASCULINO/FEMININO
Françoise Héritier
93. A ANARQUIA DOS VALORES
Paul Valadier
94. CIÊNCIA CIDADÃ
Alan Irwin
95. UMA INCERTA REALIDADE
Bernard d'Espagnat
96. IGUAIS E DIFERENTES
Alain Touraine
97. NATUREZA E TÉCNICA
Dominique Bourg
98. METODOLOGIA DA RECOLHA
DE DADOS
Jean-Marie de Ketele / Xavier Roegiers
99. AS SOCIEDADES DOENTES
DO PROGRESSO
Marc Ferro
100. DO SILÊNCIO
David Le Breton
101. DO SEXTO SENTIDO
Boris Cyrulnik
102. ÍNTIMAS CONVICÇÕES
Hubert Reeves
103. PERDEU-SE METADE
DO UNIVERSO
Jean-Pierre Petit
104. NASCIMENTO DAS DIVINDADES,
NASCIMENTO DA AGRICULTURA
Jacques Cauvin
105. O IMPULSO CRIADOR
Josef H. Reichholf
106. O CONSTRUTIVISMO – Vol. I
Jean-Louis Le Moigne
107. O CONSTRUTIVISMO – Vol. II
Jean-Louis Le Moigne
108. UMA MESMA ÉTICA PARA TODOS?
Direcção de Jean-Pierre Changeux
109. O LUGAR DO CORPO
Paulo Cunha e Silva
110. OS GRANDES PENSADORES
CONTEMPORÂNEOS
François Stirn
111. O DARWINISMO
OU O FIM DE UM MITO
Rémy Chauvin
112. A REDE E O INFINITO
Philipe Forget / Gilles Polycarpe
113. O PRAZER E O MAL
Giulia Sissa
114. A GRANDE IMPLOSÃO
Pierre Thuillier
115. AMOR, POESIA, SABEDORIA
Edgar Morin
116. PIAGET UM REQUESTIONAMENTO
David Cohen
117. A POLÍTICA DO REBELDE
Michel Onfray
118. A CIÊNCIA ENQUANTO
PROCESSO INTERROGANTE
N. Sanitt
119. CIÊNCIA DA MOTRICIDADE
HUMANA
Ubirajara Oro
120. UM CORTE EPISTEMOLÓGICO
Manuel Sérgio – (2.ª edição)

121. ANTROPOLOGIA INGÉNUA
ANTROPOLOGIA ERUDITA
Wiktor Stoczkowski
122. O 3.º MILÉNIO
Erwin Laszlo
123. O COMPUTADOR NA CATEDRAL
Jean Caillaud
124. O HOMEM ARTIFÍCIO
Dominique Bourg
125. IMAGINÁRIO TÉCNICO
E ÉTICA SOCIAL
Bertrand Heriard Dubreuil
126. O PRINCÍPIO DE NOÉ
Michel Lacroix
127. JORNALISMO E VERDADE
Daniel Cornu
128. VIAGENS NO FUTURO
Nicolas Prantzos
129. DEUS, A MEDICINA E O EMBRIÃO
René Frydman
130. A SABEDORIA DOS MODERNOS
André Comte-Sponville /Luc Ferry
131. A FAMÍLIA
Evelyne Sullerot
132. O SENTIDO E A ACÇÃO – (2.ª edição)
Manuel Sérgio/Trovão do Rosário /
Anna Maria Feitosa / Fernando Almada /
Jorge Vilela / Viegas Tavares
133. A ORIGEM DO HOMEM
Claude-Louis Gallien
134. A EFICÁCIA DA METÁFORA
NA PRODUÇÃO DA CIÊNCIA
Paula Contenças
135. GENES, POVOS E LÍNGUAS
Luigi Luca Cavalli-Sforza
136. A LÓGICA DOS EFEITOS
PERVERSOS
André Gosselin
137. A CLONAGEM EM QUESTÃO
Axel Kahn /Fabrice Papillon
138. CIBERCULTURA
Pierre Lévy
139. O SELO DA INDIVIDUALIDADE
Jean Dausset
140. FOGOS, FÁTUOS
E COGUMELOS NUCLEARES
Georges Charpak /Richard L. Garwin
141. A DIVERSIDADE DO MUNDO
Emmanuel Todd
142. O LIVRO DO CONHECIMENTO
Henri Atlan
143. O CUSTO MUNDIAL DA SIDA
Denis-Clair Lambert
144. A PALAVRA CONFISCADA
Patrick Charaudeau / Rodolphe Ghiglione
145. FIGURAS DO PENSÁVEL
Cornelius Castoriadis
146. AS CIÊNCIAS E NÓS
Maria Manuel Araújo Jorge
147. DECISÕES E PROCESSOS
DO ACORDO
Pierre Moessinger
148. A TERCEIRA MULHER
Gilles Lipovetsky
149. O DEMÓNIO DA CLASSIFICAÇÃO
Georges Vignaux
150. AS DERIVAS DA ARGUMENTAÇÃO
CIENTÍFICA
Dominique Terré
151. A AVENTURA DA FÍSICA
Etienne Klein / Marc Lachièze-Rey
152. HOMENS PROVÁVEIS

Jacques Testart
153. O MEU CORPO A PRIMEIRA
MARAVILHA DO MUNDO
André Giordan
154. A IDADE DO MUNDO
Pascal Richet
155. O PENSAMENTO PRIGOGINE
Arnaud Spire
156. HIPERCULTURA
Stephen Bertman
157. MODERNIDADE,
CRÍTICA DA MODERNIDADE
E IRONIA EPISTEMOLÓGICA
EM MAX WEBER
Rafael Gomes Filipe
158. TEORIA DO CONHECIMENTO
CIENTÍFICO
Armando de Castro
159. FONTES DO PODER
Gary Klein
160. SOBREVIVER À CIÊNCIA
Jean-Jacques Salomon
161. A SOCIEDADE DE COMUNICAÇÃO
Gerard Leclerc
162. O LUGAR DO CORPO
NA CULTURA OCIDENTAL
Florence Braunstein / Jean-François Pépin
163. O ADVENTO DA DEMOCRACIA
Robert Legros
164. DROGA E TOXICODEPENDÊNCIA
NA IMPRENSA ESCRITA
Fernando Nogueira Dias
165. INTRODUÇÃO ÀS CIÊNCIAS
SOCIAIS
Jean-Pierre Dupuy
166. A PROCURA DE SI
Alain Touraine / Farhad Khosrokhavar
167. IMPRENSA, RÁDIO E TELEVISÃO
James Curran / Jean Seaton
168. O DESAFIO DO SÉCULO XXI
Edgar Morin
169. A VIOLÊNCIA TOTALITÁRIA
Michel Maffesoli
170. FILOSOFIA WORLD
Pierre Lévy
171. SISTEMAS DE COMUNICAÇÃO
DE CULTURA
E DE CONHECIMENTO – (2.ª edição)
Fernando Nogueira Dias
172. O ETERNO INSTANTE
Michel Maffesoli
173. A INTENCIONALIDADE
DO CORPO PRÓPRIO
Paulo Manuel Ribeiro Farinha Nunes Dantas
174. A TEMPERATURA DO CORPO
Gonçalo Albuquerque Tavares
175. A CHEGADA
DO HOMEM-PRESENTE
OU DA NOVA CONDIÇÃO
DO TEMPO
Zaki Laïdi
176. A LENDA DA VIDA
Albert Jacquard
177. INTERNET A NOVA VIA INICIÁTICA
Nicolas Bonnal
178. EMOÇÃO, TEORIA SOCIAL
E ESTRUTURA SOCIAL
J. M. Barbalet
179. PADRÕES DE COMUNICAÇÃO
NA FAMÍLIA
DO TOXICODEPENDENTE
Fernando Nogueira Dias

180. A TECNOLOGIA COMO MAGIA
Richard Stivers
181. FÍSICA E FILOSOFIA DO ESPÍRITO
Michel Bitbol
182. A SOCIEDADE PURA
André Pichot
183. A SOCIOLOGIA
DA TOXICODEPENDÊNCIA
Fernando Nogueira Dias
184. EPISTEMOLOGIA E SOCIOLOGIA
DO TRABALHO
François Vatin
185. AS CHAVES DO SÉCULO XXI
Autores Vários
186. MÉTODOS QUANTITATIVOS
PARA AS CIÊNCIAS HUMANAS
Réjean Huot
187. REFORMAR O PENSAMENTO
Edgar Morin
188. A TELEVISÃO
E A INSTITUIÇÃO ESCOLAR
Manuel João Vaz Freixo
189. INTRODUÇÃO AOS MÉTODOS
QUANTITATIVOS EM CIÊNCIAS
HUMANAS E SOCIAIS
Claude Rosental,
Camille Frémontier-Murphy
190. CONTRIBUTOS
PARA UMA METODOLOGIA
CIENTÍFICA MAIS CUIDADA
Estela P. R. Lamas, Luís Manuel
Tarujo, Maria Clara Carvalho,
Teresa Corredoira
191. CIBERESPAÇO E COMUNÁUTICA
Pierre-Léonard Harvey
192. A PRODUÇÃO
DO CONHECIMENTO
PARA A ACÇÃO
Jean-Pierre Darré
193. SENTIDO E SEGREDOS
DO UNIVERSO
Jean-Pierre Luminet
194. TÉCNICA E IDEOLOGIA
Lucien Sfez
195. AS ORIGENS ANIMAIS
DA CULTURA
Dominique Lestel
196. A HERESIA HUMANISTA
José Fernando Tavares
197. A FAMÍLIA
Adelina Gimeno
198. ENSAIO SOBRE
O DESENVOLVIMENTO HUMANO
Luís Marques Barbosa
199. A CIÊNCIA AO SERVIÇO
DOS NÃO CIENTISTAS
Albert Jacquard
200. PARA UMA NOVA
DIMENSÃO DO DESPORTO
Manuel Sérgio
201. A VIDA HUMANA
Maria Isabel da Costa
202. EDUCAÇÃO E PROJECTO
DE VIDA
Fernando Nogueira Dias
203. ENTRE O BEM E O MAL
Michel Maffesoli
204. A VERDADE E O CÉREBRO
Jean-Pierre Changeux
205. O HOMEM PLURAL
Bernard Lahire

206. EGO
Jean-Claude Kaufmann
207. CIBERDEMOCRACIA
Pierre Lévy
208. UMA UTOPIA DA RAZÃO
Jean-Jacques Wunenburger
209. A TRANSFIGURAÇÃO
DO POLÍTICO
Michel Maffesoli
210. A FAMÍLIA RECOMPOSTA
Chantal Van Cutsem
211. A UNIDADE DAS CIÊNCIAS
Jean-Philippe Ravoux
212. SERÁ A CIÊNCIA INUMANA?
Henri Atlan
213. A NOVA FILOSOFIA DO CORPO
Bernard Andrieu
214. LIÇÕES DE ECOLOGIA HUMANA
Albert Jacquard
215. DOS GENES AOS GENOMAS
Stuart J. Edelstein
216. ALGUNS OLHARES SOBRE
O CORPO
Manuel Sérgio
217. DROGA, ADOLESCENTES
E SOCIEDADE
Claude Olievenstein, Carlos Parada
218. O HOMEM A CIÊNCIA
E A SOCIEDADE
Boris Cyrulnik
219. A COMPLEXIDADE, VERTIGENS
E PROMESSAS
Réda Benkirane
220. PRÁTICAS COOPERATIVAS – 2.ª Ed.
Conceição S. Couvaneiro
221. O FUTURO NÃO ESTÁ ESCRITO
Albert Jacquard, Axel Kahn
222. A RESOLUÇÃO CRIATIVA
DO PROBLEMA
David O'Dell
223. DIÁLOGO SOBRE A NATUREZA
HUMANA
Boris Cyrulnik, Edgar Morin
224. POLÍTICAS DE IMIGRAÇÃO
Paulo Manuel Costa
225. DA EDUCAÇÃO FÍSICA
À MOTRICIDADE HUMANA
João Batista Tojal
226. MASCULINO / FEMININO – Vol. II
Françoise Héritier
227. RELAÇÕES GRUPAIS
E DESENVOLVIMENTO HUMANO
Fernando Nogueira Dias
228. AS NOVAS DROGAS
DA GERAÇÃO *RAVE*
Alain Lallemand, Pierre Schepens
229. O LIVRO
DO CONHECIMENTO – Tomo II
Henri Atlan
230. ETNICIDADE
Steve Fenton
231. CELEBRAR PORTUGAL
José Carlos Almeida
232. INVESTIGAÇÃO QUALITATIVA
AVANÇADA PARA ENFERMAGEM
Joanna Latimer
233. A INVENÇÃO DE SI
Jean-Claude Kaufmann
234. UM NOVO PARADIGMA
Alain Touraine
235. OS DOIS OCIDENTES
Nayla Farouki

236. O FIM DA AUTORIDADE
Alain Renaut
237. PARA ONDE VÃO OS VALORES?
Jérôme Bindé
238. TEORIAS E MODELOS
DE COMUNICAÇÃO – (3.ª edição)
Manuel João Vaz Freixo
239. UNS COM OS OUTROS
François de Singly
240. A SOCIOLOGIA
E O CONHECIMENTO DE SI
Maurice Angers
241. ANTROPOLOGIA
DO PARENTESCO E DA FAMÍLIA
Armindo dos Santos
242. O MEDO SOCIAL
Fernando Nogueira Dias
243. O ÚTERO ARTIFICIAL
Henri Atlan
244. CULTURA E BARBÁRIE
EUROPEIAS
Edgar Morin
245. COMPREENDER
A COMPLEXIDADE
Robin Fortin
246. A VOZ DESCONHECIDA
DO REAL
René Girard
247. MOTRISOFIA – HOMENAGEM
A MANUEL SÉRGIO
Coord. José Antunes de Sousa
248. A VIOLÊNCIA DO MUNDO
Edgar Morin, Jean Baudrillard
249. O IMPÉRIO CIBERNÉTICO
Céline Lafontaine
250. FILHOS DO CÉU
Edgar Morin, Michel Cassé
251. ANÁLISE ESTRUTURAL
DAS REDES SOCIAIS – (2.ª Edição)
Vincent Lemieux, Mathieu Ouimet
252. RUMO ÀS SOCIEDADES
DO CONHECIMENTO
UNESCO
253. O MUNDO DAS MULHERES
Alain Touraine
254. AS INTELIGÊNCIAS CIDADÃS
Majo Hansotte
255. IDENTIDADE E EMOÇÕES
EM EVENTOS DESPORTIVOS
Cristina Sousa, Jorge Correia Jesuino
256. TEXTOS INSÓLITOS
Manuel Sérgio
257. A CONSTRUÇÃO DAS CIÊNCIAS
Gérard Fourez
258. A ORGANIZAÇÃO BIOLÓGICA
E A TEORIA DA INFORMAÇÃO
Henri Atlan
259. NO COMEÇO ERA O HOMEM
Pascal Picq
260. INTELIGÊNCIA
DA COMPLEXIDADE
Edgar Morin, Jean-Louis Le Moigne
261. INTRODUÇÃO ÀS TEORIAS
DA COMUNICAÇÃO
Jean-Pierre Meunier, Daniel Peraya
262. ESTE TEMPO DE SER
Conceição S. Couvaneiro,
José Pedro Cabrera
263. METODOLOGIA
CIENTÍFICA – (4.ª edição)
Manuel João Vaz Freixo

264. A SOCIEDADE CONTRA
A ESCOLA?
José Manuel Resende

265. REPRESENTAÇÕES SOCIAIS,
CIÊNCIA E TECNOLOGIA
Clélia Maria Nascimento-Schulze,
Jorge Correia Jesuino (organizadores)

266. PENSAR DE OUTRO MODO
Alain Touraine

267. CRÍTICA DA RAZÃO DESPORTIVA
Manuel Sérgio

268. A ARTE DE COMUNICAR
Claire Raines, Lara Ewing

269. A ERA SECULAR
Charles Taylor

270. DEPOIS DA CRISE
Alain Touraine

271. ANTROPOLOGIA DA MEMÓRIA
Joël Candau

272. AS CONCEÇÕES DO SER HUMANO
Bruno Leclerc, Salvatore Pucella

273. EDUCAÇÃO E CIVILIZAÇÕES
Lê Thành Khôi

274. OS SISTEMAS DE CONHECIMENTO
PATOLÓGICO E A NOVA ORDEM
Fernando Nogueira Dias

275. METODOLOGIA EM PSICOLOGIA
EM 30 FICHAS
Nicolas Guéguen

276. SOCIOLOGIA DAS ELITES
Jacques Coenen-Huther